社交破局

抱朴守拙，玲珑处事

台海出版社

图书在版编目（CIP）数据

社交破局 / 付东旭著. -- 北京：台海出版社，
2025. 2. -- ISBN 978-7-5168-4119-8

Ⅰ . C912.11-49

中国国家版本馆CIP数据核字第2025UK1103号

社交破局

著　　者：付东旭

责任编辑：俞滟荣

出版发行：台海出版社

地　　址：北京市东城区景山东街 20 号 邮政编码：100009

电　　话：010-64041652（发行，邮购）

传　　真：010-84045799（总编室）

网　　址：www.taimeng.org.cn/thcbs/default.htm

E - m a i l：thcbs@126.com

经　　销：全国各地新华书店

印　　刷：嘉业印刷（天津）有限公司

本书如有破损、缺页、装订错误，请与本社联系调换

开　　本：880毫米×1230毫米　　　　1/32

字　　数：139千字　　　　　　　　印　　张：6.125

版　　次：2025 年2月第1版　　　　 印　　次：2025年2月第1次印刷

书　　号：ISBN 978-7-5168-4119-8

定　　价：68.00元

序

轻舟已过万重山。很高兴在这里再次和大家见面。

记得很多年前的一个雨夜，我有感而发，起身坐在桌案前，提笔写下了林林总总，不成文，但是写书这件事隐约在我心里有了个雏形。今天我再次提笔，写下这篇序文，本书至此有了成型的模样。学过我训练营的学员都知道，小时候我爸找过一个大笔杆，教我大哥写行文和材料，我坐于一边旁听，慢慢地也就练出来了写文章的能力。每每看到我大哥写的材料获嘉奖无数，能写得一手好文章，在我心里是无限殊荣的一件事，也许从那个时候开始，写文出书就在我心里种下了一簇梦想之火，直到现在彻底点燃，有了这本大家看到的处女作。

被大家广泛熟知是在2023年的秋天，我喜好在互联网上分享人脉认知和人脉案例，有很多粉丝认可我的分享，给了我很多关注。很多朋友问过我，为什么选择在互联网上分享，说来啼笑皆非，往前追溯其实是在疫情期间，我在互联网上开直播，通过和大家在网上聊天的方式解闷，没承想这种方式受到了很多朋友的喜爱和赞赏。慢慢地，我在互联网上的关注度越来越多，我拍的短视频、我的作品也受到了大多数人的认可，自媒体账号突破了500万粉丝，在此，我向大家表示感谢。此时回想起来，这段经历让我感慨万千，我在训练营课程里和大家分享过儿时的一段经历，其实我在童年的时候，不敢说话，甚至害怕见人，完全没有现在大家看到的侃侃而谈的样子，是我的父亲，借由他的工作机会，把我带到建材行业的订货会上，给了我开口锻炼的机会，我跟着父亲，走遍了当时的北京、上海、广州，这才练就了一副好口才。父亲在我成长的每一个关键时期，都伸手拉了我一把，我很感激我的父亲。

很多粉丝给我留言，希望我能出本书，将我这多年来的人脉认知和人脉思维，编辑成书方便大家广为传阅，大家的呼声我听到了，可以说大家的呼声和我心里的想法不谋而合，这么多年，我心里的那团火苗没有熄灭，反而在此刻被点燃了，我知道写书出书的时机到了。

我一直说把人脉经营当成一种生活方式，多年以来，我也是这么践行过来的。早年我还在体制内，就深谙人脉的重要性，人脉以及经营运用人脉的能力，能让你在体制内获得更长足的发展。后来我脱离体制南下到深圳，进入深圳报业集团，再到我创业成立酒店集团，在我职业发展的轨迹中，人脉都起着至关重要甚至是决定性的作用，人脉已经变成了我的生活方式，浸透到我生活和事业的方方面面。

我经常在短视频中和大家分享，我职业生涯中的第一个贵人韩局，也是我的伯乐，在我初出茅庐进入社会的时候给了我机会，当时的我和大多数人一样，手上没有人脉，没有可调配的资源，照样能闯出一片天，除了韩局的慧眼识珠，还有我懂得撬动人脉杠杆，取得差异价值交换。再后来，我遇到了我的大哥程总，对我照拂有加，也助我在事业上更上一层楼，有了更广的人脉和更多的资源配置权。在这里跟大家说这些，就是想告诉大家，人脉的价值交换，不是等价价值交换，而是差异价值交换，在本书中，大家会更深刻地认知到这一点。人脉是一种思维，人脉经营是一种"思维能力"，拓展人脉和运用人脉，首先要在思维上进行突破，这是学习人脉绕不开的第一步，是我践行人脉这么多年，实践出的真理，我相信这会成为很多人在人脉上的启蒙。

我非常高兴将自己的人脉认知以及人脉思维通过本书分享给大家，有句话是这么说的：因为我淋过雨，所以我想为你撑把伞。曾经我的父亲，就是为我撑伞的人，现在，我也想做这个撑伞的人。每当我的学员向我报喜的时候，我内心既是感动又是骄傲。我无数次说过，我不是一个老师，我只是一个生意人，但是在教育培训这条路上，我也在学习如何成为一个合格的老师，我也想尽我的绵薄之力，帮助越来越多的学员。我们何其有幸，生长于这个和平年代，是该为祖国的繁荣昌盛，发挥出一份力量，成为教育培训行业一分子，是我做出的努力，期待有那么一天，我的学员能够遍布祖国的大江南北，为祖国的各项事业发展，贡献自己的力量。

在此我想感谢我的父亲，我父亲在我成长的道路上，给予了我太多太多，可以说，没有我的父亲，就没有我的今天，我想以本书——我的处女作来致敬我的父亲。希望大家能够喜欢，也希望大家读完本书有所收获。最后我想借用伟大领袖的一句话送给大家：人间正道是沧桑。前路虽长，行则将至。

2024年12月16日 于上海

目　录

01

初探人脉，破晓启程

04 智慧结晶，破浪人脉大师之路

01

初探人脉，破晓启程

第一节　迷雾中的真章：解析人脉本质

什么是人脉

在探讨"人脉"这一概念时，许多人往往会陷入一种误区，即将人脉简单地等同于通讯录中的联系人数量或表面的社交关系。这种理解是片面且浅薄的。例如，有人可能会自豪地展示自己手机中存储的五千多个联系人，认为这就是自己人脉实力的象征；还有人会炫耀自己与某位重要人士共进晚餐或共度时光，仿佛这就能证明彼此之间建立了深厚的人脉联系。

然而，当我们深入剖析这些所谓的"人脉"时，不禁要问：

- 这些联系人或交往对象究竟在何种程度上对你的生活、工作或事业产生了实质性的帮助？
- 他们是否曾为你提供过重要的资源、信息或机会？
- 你的财富积累中有多少是直接或间接得益于他们的助力？

遗憾的是，面对这些问题，很多人的答案恐怕是否定的。

事实上，**真正的人脉并不仅仅是数字上的堆砌或表面上的交往，而是一种能够在实际生活中发挥作用的深层次联系**。这种联系建立在相互信任、尊重和共同利益的基础上，能够在你需要时伸出援手，为你提供宝贵的资源和支持。因此，我们不能仅仅凭借通讯录中的联系人数量或表面上的社交活动来判断一个人人脉的广度和深度。

相反，我们应该更加理性地看待"人脉"这一概念，认识到它其实是一种需要用心经营和维护的宝贵资源。只有当我们以真诚、平等和互惠互利的原则与人交往时，才能真正建立起有价值的人脉网络。在这个过程中，我们不仅要注重与他人的交往方式和沟通技巧，更要关注彼此的利益契合点和共同目标，以便在未来的合作中能够携手共进、共创辉煌。

以我的真实经历为例。

初入职场，在工作的半年多时间里，我遇到了一位张先生。他给我的第一印象是交际广泛，仿佛与公司的每一个角落都有着千丝万缕的联系。分公司经理与他共饮，副总与他同桌打牌，甚至公司的高层领导也与他有私交，常相约唱歌。那时的我，觉得张先生真是个能人，他的交友圈让我叹为观止。

然而，有一天科室加班，科长提出请大家用餐饮酒。酒过三巡，一位同事突然提及为何没有邀请张先生。这时，另一个同事面带鄙夷地接话："你别说喝一半，就是喝到盘子见底，你只要给他发消息，他一定到。"这句话让我瞬间愕然。原来，在大家眼中，这个看似交友广阔、无所不能的张先生，竟然是这样的形象。

那时的我刚刚二十出头，这句话仿佛一记重锤，让我幡然醒悟。我意识到，自己绝不能成为这样的人，不能只是吹嘘和浮夸。进入社会，开始真正的工作生涯后，我逐渐领悟到人脉的真谛。它并不仅仅是人际关系的简单叠加，也不是你认识多少人，这些都还不足以构成真正意义上的人脉。

总而言之，人脉并不仅仅是表面的社交关系或数字上的堆砌，而是一种需要用心经营和维护的深层次联系。只有当我们真正理解并践行了这一点时，才能在事业和生活中获得更多有益的帮助和支持。

在我担任浙江一个集团的CEO（首席执行官）期间，亲身经历了一场关于人脉经营的深刻教训。那年元旦前的年会晚宴上，发生了一件让我至今难以忘怀的事。

当时，我们的班子成员已经决定让一位副总在年会后离开公司。然而，在晚宴上，这位副总却仍然意气风发，四处敬酒。当他来到我这一桌时，为了表示忠诚，他竟然发誓要为集团鞠躬尽瘁、死而后已。随后，他一口干了那杯白酒，并说还有三桌没敬完，要继续去敬酒。

当他离开我们主桌时，我听到股东们在低声议论。他们说："敢情这个酒不是你家的，你这么喝，以为咱们集团的酒不是花钱买的吗？"这番话让我深刻意识到，人脉经营并非简单的感情投入或长期交情的积累。

回顾在这个企业的经历，我深感人脉经营的复杂性。

当时，这家企业有六十多名股东，他们集资做了一个包括酒店、康养设施和地产的项目。然而，出于一些特殊原因，一年多后项目的资金链出现了断裂。那时，我刚上任三个月，就被提拔到总经理的位置。我非常感激董事长的知遇之恩，把他当作我的伯乐。

在资金链断裂之际，董事长找到了我，希望我能帮忙筹集资金，而这需要一定的启动费用。我毫不犹豫地把自己管理的酒店的所有流动资金，甚至是现金和备用金，全部集中起来，总共装了整整四麻袋现金钞票，都交给了董事长。然而，自从那次之后，两个月内我都没有再见到他。

面对种种困境，我一直坚守岗位，帮助董事长处理各种问题。最终，政府接管了那个项目，并偿还了债务。两个月后，我开始了自己的创业之旅。坦白说，当时我资金紧张，作为一个打工者创业，资金实力有限，还有五万元的资金缺口。于是，我联系了那位已经被列为失信人员的董事长，考虑到他手头应该还有些当时我给他筹集的现金未用完。我直接对他说："董事长，我现在要创业，想以个人名义和您借五万元，就五万元。"他的回答很直接："兄弟，我没有。"

人脉经营依靠的不仅仅是思维能力，当你彻底理解这种思维方式后，人脉就会变成一个奇妙的事物，它会成为你的生活方式，甚至是你的天赋。其实，人脉有时之所以难以看清，是因为你是局中人，被局中的现象所困。因此，我一直强调：人脉经营是一种思维能力。

现在回想起来，我可以肯定地说，我已经掌握了人脉经营的精髓。人脉经营不仅是一种思维能力，更是一种生活方式和天赋。当你真正理解了人脉经营的本质时，你就会发现它是一件奇妙的事情。它能够帮助你在生活中获得更多的资源和支持，实现你的目标和梦想。

人脉的思考方法，也是生活的思考方法

我一直强调人脉经营的重要性，要把人脉经营当成一种生活方式。只有这样，才能在人生的道路上走得更远、更稳、更精彩。

以我的个人经历为例：

有一年夏天在上海，我需要前往奉贤区参加一场商务聚餐，但由于住处离目的地有一个多小时的车程，且当天没有带司机，于是我自行驾车前往。时间紧迫，大约在下午四点时，由于着急，我不小心和另一辆车发生了轻微剐蹭。

换作你们，可能会说"不好意思，我着急要去赴一个约，饭桌上有重要人物在等我呢"，但结果可能是，如果碰着脾气不好的人，他会说："我管你什么重要人物！"如果碰着脾气好的人，他会说："那就让那个重要人物帮你料理吧。"最终你还是得乖乖道歉并赔钱。请看看我是怎么做的。

我当时说："实在不好意思，我确实太着急了。因为我是到奉贤参加一个重要会议，而且我是那个组局的人，处理事情耽搁了时间，现在着急要赶过去，这是我的名片，日后一定登门赔礼。"他

往后退了一下，看了看我的车，又看了看我的车牌，然后说："看你态度不错，但是车毕竟刮花了，我不能自认倒霉。既然你着急，就先走吧，过几天再商量。"

他既没扣我也没骂我，我也没提任何人。如果你跟路人提大佬，就算你真认识，但在他的视角下，也可能会让他觉得你在用地位压他，甚至可能让他觉得你在羞辱他，这不是撞枪口上了吗？

所以说，人脉经营真的是一种思维上的事。还有，人脉经营真的是一种生活方式。我解释了自己要参加一个重要的聚会，且作为组局者，由于处理事情耽搁了时间，所以才着急赶路不慎剐蹭。他在听完解释后，考虑到我的态度诚恳，决定日后处理而非得理不饶人，我相信这种方法在生活中大多数场合都适用。

这个经历说明，在处理类似情况时，给予对方一个台阶，以诚恳和尊重的态度进行沟通，往往能够获得更为优越的处理方式。同时，这也体现了人脉经营不仅仅是一种技巧，更是一种思维方式和生活方式。它要求我们在与人交往时，注重维护良好的关系，而不仅仅是依赖于利用关系来解决问题。

第二节　舵手视角人脉：用得上，合得来

　　人脉是社会关系的重要组成部分，人与人不断地交流与融合，编织成一张错综复杂的人际关系网。该如何系统地梳理和盘点你身边的人脉网络呢？

　　这一点尤为重要，因为很多人学习的知识往往是碎片化的，而我们更需要的是系统化的知识。这就像企业家在创业或开展新业务前会先盘点现有资源一样。因此，我们首先要学会梳理和盘点人脉。人脉可以添加多种标签，比如同学关系、亲戚关系，甚至前任伴侣或上级等，分类可以很细致。我们需要做的是将这些复杂的场景简单化。

　　人脉本身就非常复杂。现在来看，我梳理人脉的方式主要基于两个层面：

- · **用得上**
- · **合得来**

　　所谓"用得上"，大家可能都有所体会。比如，我会参加各种商务聚餐、会议，甚至包括私董会，是为了认识更多的人。怎样才

算"用得上"呢？简单来说，就是那些在当前与你所做的事情相关的人，他们在某种程度上比你"混"得好，地位比你高，这就是广泛意义上的"用得上"。

而"合得来"则相对容易理解，我在后面也会详细讲解。它主要指的是与你三观匹配、兴趣相投的人，这样的人就可以说是"合得来"。

用得上

互利层：共赢与相互赋能

在互利层，我们关注的是与业务直接相关的客户或合作伙伴。这里的核心不在于人情往来，而在于实现双方的共赢与相互赋能。项目合作的基础是对方能从项目中获得安全感和可靠性，而你则通过项目获得利润和财富。因此，"利来则聚，利尽则散" 成为这一层人群的指导原则。将精力集中在项目的赋能与行业的拓展上，而非无谓的人情往来，是提升效率、减少不必要支出的关键。

很多人将人脉经营简单等同于人情世故，这导致他们在维系关系时感到疲惫不堪。实际上，人脉经营更应被视为一种思维方式的转变。它要求我们从共赢的角度出发，通过相互赋能来实现双方的利益最大化。

因此，有时你会说："我与一位朋友的关系已经十年八年了，我们是铁哥们儿。"但你认为你的铁哥们儿，以及所有的生意伙伴都会按照你的方式行事吗？当考虑项目该给谁时，必然有人会得不到项目。这时，你就需要记住，你的事情、你的项目，能为他人带来什么赋能。如果你做不到这一点，即使你天天跪着求他人，也得不到项目。我一直强调，人脉经营是基于场景的，也可以基于你的行业惯例，或者以你所在的小县城、小城市的习惯做法来进行。

只要能让事情做到相互赋能，就无须去请客吃饭、人情往来或做更多的关系维系工作，因为这样会占据你更多的精力。而且当你盘点自己做生意这么多年在人情往来上花了多少钱时，会发现其中有很多冤枉钱。甚至你已经维系了两年的关系，结果领导调走了，或者采购部的经理换新人了，这时又该怎么办呢？

晋阶层：资源差、认知差与信息差的价值

在探讨人脉的晋阶层时，认知差与信息差的重要性不言而喻。首先，让我们明确这三个概念：资源差、信息差和认知差。资源差通常指通过社交活动结识的潜在合作对象或资源；信息差则是获取并利用他人未知或难以获取的信息，以获得竞争优势；而认知差则是基于对行业和政策深刻理解的差异，从而形成的决策与行动上的优势。

然而，仅凭干巴巴的文字是无法充分理解这些概念的。我们可以通过一些例子来帮助理解。

资源差的局限性

我们结识一位有用的领导，或者一位所谓的"大哥"或"贵人"。结识之后，通常会有两种结果。

一种是我与他互动了一段时间后，他给了我一个项目。比如，一个为期一年的项目，你觉得这位大哥很帮忙，把项目交给了你，而你也获得了合理的利润。在这种情况下，你会维系与这位大哥的关系，包括日常交际，甚至有时请他吃饭。然而，仅仅依靠这一年的有限收益是不够的，对于我们企业家来说，更多的是追求赚取没有边界的财富，希望让我们的财富不断增长。

为何我说资源差的变现能力最差呢？这一点或许你已开始有所领悟。接下来，我将为你揭开谜底。

刚才我提到，维系了一年或两年的关系，甚至在三个重要的节日都会进行维系。然而，两年六个节日过去了，你突然发现领导调走了，或者采购部换人了。即使这个领导没有更换，你是否遇到过这样的情况：这个领导告诉你，本来这两年一直说要立的项目，今年年底过会时决定不立了，因为上面有新的指示，这个项目现在没有了。此时，你是否会感到委屈？

在商务交往中，显然不能仅凭餐饮和礼物的发票就要求领导报销因维系关系而产生的费用，这种做法不切实际。如果项目未能立项，你只能默默承受损失，并寄希望于未来能有新的项目机会。

我曾提到，有些人能给你带来生意，有些人则不能。但我想强调的是，并非我轻视任何一位企业家，实际上，许多企业家都拥有

12

丰富的资源和聪明才智，甚至在某些方面超过了我。然而，我发现一些企业家在思维方式上存在局限，他们往往只关注眼前的、平面的资源。

此刻，我并非严厉批评，而是希望大家能正视这个问题。试想，当你与行业大佬建立联系并开始获得他们的信任时，除了等待他们手中的项目，你是否还能做些其他事情？

作为行业大佬，他们掌握着大量的行业信息和多年的经验。他们的一句话或一个提示，可能就是你未曾了解的行业内幕。当你抱怨行业竞争激烈、压力大时，是否意识到这只是你所在地区同行之间的竞争？如果大佬给你提供了有价值的信息，你能否将其梳理清楚并转化为自己的竞争优势？

再者，你可能经常参加各种商务聚餐，但是否真正利用了这些机会？难道商务聚餐上只是讲些笑话、凑气氛吗？实际上，更多的生意人在聚会上讨论的是生意圈的事情。

你在商务聚餐上的表现如何呢？你是否只是喝酒、应酬，而忽略了倾听和学习？

记住，当你听不懂他们说的话时，这可能就是你赚钱的机会；当你完全能理解并能与他们互动时，说明你们处于相似的层次；而当你开始看不起他们说的话时，那可能意味着你比他们混得更好，但也可能意味着你错过了学习的机会。

尽管资源差是许多人脉经营的起点，但其变现能力往往有限。例如，通过参加各种商务聚餐和会议，你可能结识了一位有影响力的领导或"大哥"，他偶尔会给你一些项目机会。然而，这种关系的维系成本高昂，且项目来源不稳定。一旦关系中断或项目取消，前期的投入便可能会付诸东流。

　　比如，一位企业家通过频繁参加社交活动结识了一位关键领导，并在一年内通过主动社交和汇报工作等方式维系关系，最终获得了一个为期一年的项目合同。然而，项目结束后，领导调离岗位，新项目未能如期而至，企业家面临巨大的维系成本浪费。

认知差的决定性优势

　　认知差是最高层次的差异。它不仅体现在对信息的掌握，更体现在对行业、政策、市场趋势的深刻理解和预判。拥有认知差的企业家能够做出更加明智的决策，引领行业发展方向。

　　在建立并维护与关键人物（如领导、行业大佬或"贵人"）的关系时，通常会获得这样的结果：通过一段时间的互动与努力，对方可能给予我们一个具体的项目机会，比如一个为期一年的合作项目，从而带来合理的回报。为了维持这种关系，我们可能会投入大量资源，包括节日的人情往来、定期的工作汇报，以及其他一些社交活动。然而，这种基于资源差的关系模式存在一定局限性，因为它往往局限于单一项目的收益，难以实现财富的持续增长。

　　资源差的变现能力之所以相对较弱，原因在于其高度依赖于个别关键人物的意愿和稳定性。一旦领导调动岗位或进行一些人事变动时，原先建立的关系网络可能瞬间瓦解，导致前期的投入付诸东流。即便领导仍在位，项目也可能因政策调整或市场变化而被取消，使企业陷入被动局面。

因此，我们需要跳出单向思维的局限，**从平面资源向立体资源转变**。在结识行业大佬时，不应仅仅局限于等待具体项目的分配，而应充分利用他们丰富的行业经验和信息优势。大佬们的每一句话都可能蕴含着宝贵的行业洞察和市场趋势，这些信息差是提升企业竞争力的关键。通过敏锐捕捉并有效利用这些信息差，企业可以在激烈的市场竞争中占据先机。

此外，在社交场合如商务聚餐中，我们也应改变以往的老三板斧的社交方式。

思辨信息差引领成功

当遇到听不懂的信息时，往往意味着新的商业机会的到来。我们应根据信息的不同性质采取不同的态度：对于陈旧或错误的信息予以否定；对于有价值的信息予以认可并吸收；对于完全陌生的信息则保持开放心态，积极探索其背后的商业价值。

总而言之，通过深化对认知差和信息差的理解与利用，我们可以显著提升人脉的变现能力，为企业带来更加稳定和可持续的发展动力。

接下来，我们探讨另一种场景。

假设你结识了一位位高权重之士，并希望获得其手中的项目资源。这样的目标自然是合理的，但在与这样的领导互动时，沟通策略就显得尤为重要。

每次前往其办公室汇报工作时，许多人可能会不自觉地陷入一个误区，即频繁询问项目进展。然而，这种方式往往显得急功近利，缺乏深度与远见。事实上，更为高明的做法是，当你致电表示即将到访时，无须直接提及项目，因为对方早已洞悉你的来意。真正成熟的领导者，往往能在不言中明了你的目的，并在适当时机主动告知项目动态。

在与领导交流时，**宝贵的并不是项目信息的获取，而是他们深厚的政策解读能力与对行业趋势的独到见解**。这些领导作为政府管理部门的执行者，对政策的理解与执行具有无可比拟的优势。他们能够从政策高度和行业视角出发，为你提供前瞻性的指导。

设想一下，如果你身处工程行业，正面临着激烈的市场竞争和行业压力，或许会感到迷茫与困惑。但请切记，这并不意味着行业的衰退或消亡。相反，通过深入研究国家政策，比如新基建等战略部署，你可能会发现新的机遇和发展方向。然而，单纯从字面意义上理解政策是远远不够的，关键在于如何将这些政策真正落地实施，为行业注入新的活力。

因此，假如你有机会坐在领导的办公室里交流，应珍视每一次对话的机会，努力从其口中获取宝贵的行业认知和政策解读。这些认知将帮助你从更高的视角审视市场，从而有效规避"内卷"——低层次的恶性竞争和价格战。真正的智慧在于，通过政策导向和行业洞察力，找到差异化的竞争优势，实现财富的稳健增长与利润的合理获取。

在信息差的处理上，我向你传授以下策略。面对四类不同的信息，你应展现四种不同的态度：

第一种： 当一个人的认知水平低于你时，他的成就与你之间存在很大的差距。即使你们关系再好，遇到问题时也不要轻易去请教他。这个道理很简单：如果他拥有如此高的认知水平，为什么他的成就却如此不理想呢？

第二种： 虽然你已经是十几年的老板了，但如果有一个年轻人入行仅三四年，他的公司规模、产值甚至行业成就与你相当，此时你需要认可他的一部分观点。然而，这部分观点仅限于在他能够达到这一成就的基础上所形成的看法和见解。

第三种： 如果从业时间差不多，但是他的成就远远高于你，此时我们要做的第一步，就是清空自己以前所有的观点，完全吸纳对方的观点。

最后，还有很关键的一种情况，当完全听不懂对方的话语时，我们要如何处理呢？

几个月前，在一次商务聚餐时，我的一个朋友提到了一个关于一所重点大学与无人机送外卖项目的合作案例。遇到这种情况时一定要注意，这样的机会只要抓住一次，就能翻身；抓住两次，便能逆袭；抓住三次，便能封神。无论你现在处于何种境地，甚至负债，都一样。当你在某个社交场合中，听到的信息完全不懂时，我们大多数人的第一反应往往是觉得这与自己无关，对自己行业没有帮助，听一听，附和一下就过去了，这样你可能会失去巨大的商机。

这就是为何我认为，如果你在商务聚餐中无法理解这些信息差，你的参与就是在浪费金钱。关于如何应对听不懂的信息，我将在另一套体系中详细剖析。你是否已经理解这个场景呢？

我们可以清晰地认识到：在人脉经营中，资源差虽有一定价值，但其变现能力相对有限；信息差则能在一定程度上提升竞争力；而认知差则是实现跨越式发展的关键。通过不断深化对行业的理解和政策的把握，我们能够在激烈的市场竞争中脱颖而出，开创更加辉煌的事业篇章。

合得来

在探讨人脉经营的过程中，"合得来"这一层面看似简单，实则蕴含深意。首先，让我们设想一个场景：你身边是否有几位无须利益交换便能深交的朋友或闺密？他们或许并非商业伙伴，却能在你喜悦之时，陪你深夜畅谈至天明，共享那份纯粹的快乐。这样的关系绝非无效社交所能定义的，而是我们作为完整个体，情感需求得到满足的重要体现。

情绪价值的交换，是人类社交中不可或缺的一部分，它让我们感受到被理解、被支持的温暖。

因此，在追求事业成功的同时，我们不应忽视那些能够给予我们情感慰藉的人际关系。当然，这并不意味着我们要在所有的人际交往中倾注过多情感，特别是在商业领域。明确目标，聚焦于实现特定目的（如获取项目），是高效人脉经营的关键。但这并不排斥在适当场合下，以真诚和尊重为基础，与他人建立超越利益的情感联系。

进一步而言，当我们评估一个人脉对象时，若认为其"用得上"（可能带来商业机会或资源），则需意识到，对方愿意与我们从陌生走向熟悉，乃至深度合作，往往不仅仅是因为我们"用得上"，更因为我们之间的相处是"合得来"的。这要求我们在拓展人脉时，不仅要展现自身的专业能力和价值，更要注重与对方在情感层面的共鸣与契合。

总而言之，人脉的梳理应兼顾"用得上"与"合得来"两个层面。在追求互利共赢、信息差、资源差乃至认知差的同时，不忘以真诚和尊重为基石，构建深厚的人际情感纽带。这样，我们才能在商业与情感的双重维度实现人脉的全面拓展与深化。接下来，我们将深入探讨如何通过两大路径有效拓展人脉，结识更多"贵人"，助力个人与事业的发展。

第三节　航线规划：线上线下的双重应用

互联网时代，线上线下囊括了所有拓展人脉的场景。

线上

我们在线上拓展人脉的主要目的是寻找合适的人。不能指望正好有交往十年的朋友同时负责某个项目，并且一气呵成。虽然这种人脉资源很宝贵，但更多情况下，我们可能看好某个项目，想做某件事，却不认识负责人。这时，我们就需要打听，甚至通过中间人进行连接，这些统称为寻找合适的人。在线上，我们可以利用互联网工具，例如抖音、微博、公众号、官网、招聘平台、兴趣圈子等。

那我们是否需要掌握所有互联网工具的使用方法？

答案是否定的。为什么？因为它们只是工具，我们借助专业人士，实现目标即可。比如我也是公司老板，我一直让秘书或助理帮我处理这些事务。因此，不要问我如何使用微博，因为我从未玩过。连我的招聘网站都是由人力资源部门负责的。

再联想社交场景，很多人经常会犯一个错误，当某个项目立项后，马上找到张三或李四，询问是否认识该项目负责人，并索要联系方式。其实这样做大错特错，为什么？因为不仅你会这样做，别人也会。有些人拿到联系方式后，就直接打电话过去，先介绍自己，再介绍公司，最后预约拜访，这样就能拿到项目吗？很显然，不能。

其实，在线上找人真的易如反掌，比如想认识王×聪，如何与他建立联系呢？虽然在财富上我们无法与他相比，但依然可以找到他。王×聪喜欢豪车和游戏，而他在这些领域已经达到了顶级水平。如果我们尝试进入游戏和豪车的顶尖圈子，就有机会与他建立联系，甚至亲眼见到他。因此，有些人认为难以实现的事情，在我看来却是轻而易举的，比如现在很多公司都开通了**公众号、官网、招聘平台**等，可以帮助我们了解其发展方向、行业经验、项目案例、突出成就、有哪些合作商、行业资质等，一目了然。

如果以上这些不容易把握，可以浏览该公司的招聘网站，查看他们目前招聘的岗位。通过急招的岗位，可以了解该公司最近在做的项目。这样做是为了找到共同话题，聊一些对方感兴趣的话题。

我一直强调——聊天四句话：

- **聊对方想听的**
- **聊对方听得懂的**
- **聊自己想说的**
- **聊自己该说的**

我们通过以上这些网络工具，**找到互动的位置、沟通的话题，**

这才是找人的正确方法。 切勿仅靠一个电话就想签单，结果往往事与愿违。

线下

线下更重要。为什么？因为线上转线下的概率微乎其微，即便在线上能连接很多专家，但想线下见面却难上加难，尤其现在大家都习惯在网上输出内容。但概率低不代表毫无可能，因为**线上线下是打通的链路，互联网时代没有绝对的线上，也没有绝对的线下。**

比如专家们经常作为嘉宾参加**高峰论坛、行业会议、私董会**等，这些就属于线下场景，我们趁机主动连接、交流互动，才能产生信任，进而获得帮助。

有人可能觉得意义不大，一年参加八到十个会议，费用不菲，但收效甚微，唯一的收获只是一个纪念品。老实说，我家里有一个水晶杯，就是我花3980元参加会议时获得的礼品。尽管如此，但我依然建议你参与。为什么呢？因为这些都是为未来做的准备，帮助你在思维上和行动上做好准备。只有准备充分，才能明确目标，进而实现自己的理想。

➢ 参会前

参会前的准备工作很重要。有些人是这样参会的：交了参会的费用，吃两顿饭，住两晚酒店，但返程后才发现只是微信加了很多联系人。起初赶紧备注，头两天也会热情主动地联系、聊天，但往往聊了几句就草草结束，留下一句"不聊了，大家保持联系"，就没有了。然而三个月以后你会发现，你们的聊天记录依旧停在三个月前那句"保持联系"上。因此，如何认识人、如何交流以及如何维系日常互动，如果没有一套行之有效的方法和体系，是根本行不通的。

我平时参会一般关注两个点：

- 行业翘楚
- 资深专家

第一个很好判断，第二个需要在报名截止的前三天给主办方或组委会致电，表达参会意愿并索要名单。

有人想等会后发的资料，这样为时已晚，我们应该善于利用信息差，无时无刻不提升自己，把拓展人脉变成生活方式。

在会上，我们能和行业龙头拉平身份，还能通过资深专家弥补认知差，一举两得。

➤ 参会中

（1）借水推船

请大家设想这样一个场景：我正在做一个项目，你突然跑过来说："付总好，我久仰您的大名，您在行业里的名声简直是如雷贯耳，听说您现在做的这个项目非常……"你信不信，我只需回应"嗯"，就能表达我对你所说内容的无所谓。接下来，你开始重复项目的一些前景和卖点。你知道我心里在想什么吗？我心里想——

这些话我早就知道了，何必由你来重复一遍？这样一来，我对聊天根本没有兴趣，也没有激情。

如果这时你突然引用一个专家的论点，并委婉地说："付总，您在这个行业浸润多年，我相信您肯定注意到了这一点。"如果能分享一些资深专家高屋建瓴、高瞻远瞩的见解，我心里会想——这个年轻人在这么小的城市、这么小的公司，居然有这样的见识！你信不信，我会立刻对你产生兴趣。

与人沟通时，应避免提及对方已知的信息，因为这不仅浪费时间，还会让对方失去兴趣。可以检索一些专业论文或期刊，提炼出几条宏观或微观分析的见解，再进行交流。如果能分享高屋建瓴、高瞻远瞩的观点，定会让对方刮目相看。

首先回忆一下参会的场景，到酒店之后第一件事是什么？签到。然后才是参会。无须理会坐在你旁边的人，礼貌客气一下即可，因为旁边的人不会是你想认识的。嘉宾会在签到处或者坐在你旁边吗？不会。他们要么在台上演讲，要么坐第一排，你总不能冲到台上去交换名片。

（2）见机行事

那什么地方比较好？茶歇处。

切忌一看到嘉宾就立刻上前递名片或自我介绍，因为他此时口干舌燥，急需补充一下体力，或者需要喝杯咖啡，稍作休息。如果你贸然上前，就成了不速之客。最恰当的时机是等他用完餐，喝完咖啡，恢复体力后再去交流。

设想一个文艺作品中的场景，比如在国外的酒会上，一对非常尊贵的夫妇站在那里，刚进来的宾客应该如何应对？首先，需要向主宾打招呼："你好，费尔南德先生。我姓付，这位是我的太太。"然后轻轻举起礼帽致意，接着站在他旁边。

此时又进来一拨客人。"你好，费尔南德先生，非常荣幸再次见到您。"这时，发现费尔南德先生旁边又站着一对夫妇，最起码也要拿下礼帽致意，互相认识一下。"我是费尔南德先生邀请过来的嘉宾，我叫付东旭，这位是我的太太。"

寒暄之后，接下来应该怎么说？

第一句话："您好，其实我参加这个会，没有别的目的，就是奔着您来的。"

第二句话：聊聊这位嘉宾多年来在行业里最引以为傲、最令人难忘的一件事。

千万别说各种马屁巴结阿谀奉承的话。

比如：

×总，这个会我是专门奔着您来的，我记得您在年轻的时候，只带了10个馒头，口袋里只有160块钱就开始创业了，您这个故事一直激励着我……

让他知道他的精神影响了你，你想成为他这样的人，建立联系不就水到渠成了吗？

➢ 参会后

会后怎么保持联系，需要注意三个点：

- 我是谁

- 我是做什么的

- 我能帮到你什么

当然开头要加几句仰慕、赞美的话，提供情绪价值，表达认可。

有人说这种向上社交的本质是价值交换，而自身的财富、阅历都望尘莫及，在大佬面前就像蚂蚁看大象，但你别忘了，大象也是从蚂蚁变过来的。

所以我一直鼓励大家，别看大佬位高权重、德高望重，他也是个普通人，没成为大象之前，他也是只蚂蚁。而且向上社交还可以靠差异价值交换，就是你具有的资源，别人不一定具有。

比如有一天，我收到一条私信，点开后从头到尾仔细阅读了一遍。虽然我没有回复，但我确认自己认真看过。为什么要看呢？私信的内容是这样的。

第一段：付总，您关于人脉经营的思维能力让我深有感触，我曾经与您年轻时的处境非常相似。您分享的诸多案例和思路，对我而言确实是一种破圈，让我提升到了一个新的层级。（表达认可，输出情绪价值）

第二段：我在我们小县城做自媒体，我们公司是通过线上和线下两条路径进行变现的。我的妹妹是一位成熟的主播，她对直播的

整个流程非常了解，而且很有天赋。（我是谁、我是做什么的）

第三段：看了您的直播之后，我们觉得内容非常好，但直播间仍有提升的空间。如果您希望提升直播间的质量，我希望您能在百忙之中拨冗回复，我们可以提供服务，让您的课程更具价值，吸引更多人。（我能帮到你什么）

大家注意，这里并没有涉及身家或公司规模的对比，所以大家切勿把价值交换视为等价交换，而应理解为差异价值的交换。

第四节　避礁前行：商业交往中的三大禁忌

在商业交往中，我们常常会面临一个挑战：如何在维护利益的同时，妥善处理人际关系。特别是当涉及交情与利益的抉择时，很多人可能会感到困惑。今天，我想通过一个朋友的案例，来探讨这个问题，并揭示三个在商业交往中需要避免的禁忌。

借势不能变成仗势

在职场高管的行列中，拥有权力和话语权往往被视为成功的标志。然而，如何巧妙运用这些权力以避免陷入困境，是许多高管面临的挑战。接下来我将通过自身的经历深入探讨借势、造势与得势的职场艺术。

在我担任一家五星级酒店的营销总监期间，我们与一家国内知名杂志社展开了合作洽谈。双方初步达成了一项互惠协议，即杂志社将在其出版物上发布广告，以换取我们酒店的一间套房作为回报。然而，合作进程中却出现了意想不到的波折。

一天，杂志社的主编亲自致电我，表示他已与酒店总经理就合作细节达成共识，并委托我在最终合同上签字确认。出于职业敏感与责任感，我要求对方将合同草案发送给我进行审核。

在审阅合同时，我敏锐地发现了一项关键变更：原定的广告置换条件由滞销套房调整为热销房型。这一调整显然违背了双方最初的协商原则，因为热销房型的市场需求旺盛，即使不进行置换也能轻松售出，而滞销套房则正是我们希望通过合作加以消化的库存。便有了以下对话：

"主编，你好，合同我仔细看了，这个与我们原先谈的不符呀。"

"怎么不对？"他说。

"您置换的方式不对，您置换的是我们的热销套房。"

这时，主编显得有些不悦："我都跟你们总经理谈好了，你签字就完了呗？你管用什么换呢？这是你管的吗？"

我心想，我当然是管这个的！我签字需要对我的工作负责。再者，我们是著名集团下的五星级酒店，年底盘点时要追责。如果我签字了，最后企业受损，责任又由谁来承担呢？

我说："那如果这样的话，我不签这个字。"对方气愤地挂了电话。没过十分钟，他又打来了电话，开口就是："我跟你们总经理再次确认了，这个合作没有问题，你签字就完了。"

我回答："刚才我已经表明态度了，我不能签。"

他说："你一个小小总监，你们总经理都同意了，你怎么敢不签字？"我当场没再解释，直接挂了电话。

次日，我特意前往总经理办公室，准备汇报与杂志社主编在合作条款上的分歧。然而，尚未等我详述，总经理便主动打断了我，以一种极为信任的态度表示："付总监，集团已将此事全权交予你处理，你自行决断即可。"这一表态不仅彰显了对我的充分信任，也让我感受到肩上的责任之重。

我深知自己的决定虽然出于维护酒店利益的考量，但也意识到这可能间接影响到与合作伙伴的关系。尽管如此，我仍坚信自己秉持的原则是正确的，而总经理的支持更是给予了我极大的鼓舞。遗憾的是，尽管我们进行了多次沟通与尝试，最终该合作项目还是未能如愿达成。

对于上位者来说，我们在构建人脉时往往倾向于寻找一把手、二把手等关键人物。然而，在实际运用人脉时，许多一把手并不会明目张胆地为你打招呼。作为下属高管，揣摩领导的意思也是一门艺术。我当时过于刚硬，坚守工作原则，拒绝签字，最终导致我失去了工作。这就是一个典型的三方受损的例子：我失去了工作，广告商和杂志社主编的业务也未做成，总经理也未如愿以偿。

如何做才是正确的呢？

如果我现在遇到这样的情况，我会这样做：在接到合同后，如果发现置换方式与之前所说的不同，我不会立即询问总经理。因为合同中还有市场营销总监和财务的签字环节，我可以将签字权推给财务，让他们先进行审核。这样一来，财务就会发现其中的矛盾。

此时，作为高管，我需要变换角色。之前我可能是在借势，但现在我需要成为解决矛盾的人。我们如何解决这个矛盾呢？首先，我们需要让广告商做出额外的付出，给出说服矛盾的理由。如果由我来处理，我会简单地告诉广告商："现在我们集团的规矩是不允许用热销房型进行置换。但是，你可以为我们的总经理做一个专访，对整个酒店的高管进行深度访谈。这对你来说只是举手之劳，你肯定能同意。而对于总经理来说，他在行业内本身就有影响力，这样做可以进一步扩大他的影响力，这不正是他想要的吗？"

如果我这样解决了矛盾，在借势的同时也在造势，最终得到的结果就是得势。实际上，**借势不能仗势，因为仗势就等于失势。然而，借势如果再加上造势，就等于得势**。当我们想做成一笔生意时，要学会借势，同时也要为同在这一条利益链路上的关键人物造更大的势。这样一来，这笔生意你不想谈成都难。

做生意不要牵扯价值观

在做生意时，一个常见的错误是让个人的价值观和道德观过多地干扰商业决策。作为生意人，我们必须在不违反法律的前提下，光明正大地进行商业活动。然而，由于人类是有感情的动物，当遇到与自身道德观、价值观严重不符的情况时，容易产生情绪化的反应。因此，不要让个人的道德观和价值观成为你生意的绊脚石。

设想一下，如果将个人的价值观带入商业决策，会对生意产生怎样的影响？可以通过一个实例来思考和理解。

这是我朋友的一个案例。他的生意确实很辛苦，主要是为一家餐饮企业送冻品。他与这家餐饮企业的老板合作了七八年，一直保持良好的关系，两人都称呼对方为兄弟。当然，作为老板，得到了生意并赚到了钱，自然愿意为对方付出。然而，最近出现了一些问题。

他找我时说有件急事。我听他表述，他提道："我和一个项目负责人合作了七八年，老板对我照顾有加，一直没有换供应商，而其他人两三年就换一次。我一直稳定地给他送冻品。但前段时间，一个蔬菜供应商开始送冻品，而且价格比我低了大约两个点。为此，我找到了这个老板，他向我保证不会把我换掉。然而，当老板给蔬菜供应商打电话时，却根本打不通。"朋友在供应商的大群里说："你卖我的冻品，我也可以卖你的蔬菜，我底价卖，明天下午四点，我要接到你的电话，不然我就把你的底价发在群里。"经过一番努力，终于联系上了。

起初，蔬菜供应商和我朋友说："之前我只供蔬菜，这次承蒙老板的关照，正好我手上有几十件冻品，所以低价供给老板了，之后我还只供蔬菜，大家和气生财。"朋友对此也默许了。然而，一个月过去了，几百件冻品也都卖完了。此时，他想请教我该如何处理这件事。

在我们聊天时，他接到一通电话，是餐饮企业的老板打来的。我让他先接电话，通话结束后，他说餐饮老板正在外面唱歌，想让他过去，但他说："付总，没事，还是你重要，我们接着聊。"

我说："不对！兄弟，你做生意十几年了，应该知道客户至上的道理。你的'贵人'能给你生意，而你的老板在外唱歌打电话让你去，这意味着什么，你明白吗？"他回答："付总，我明白，但我不想去。"我好奇地问："兄弟，老板已经明确表示不会换掉你，你怎么连听话都不愿意了呢？"

他说："付总，真不是这样。他今天让我去，我问了有谁。他说有一个我不想见的人，是在食堂做小主管的，是个女的，她是老板新交的女朋友，正是她让蔬菜供应商开始送冻品的。再者，靠别人上位，还要挑拨我们之间的关系，我最瞧不起这样的人，所以我不去。"

既然大家把事情摆到桌面上，我就开始给他分析。我说："你的老板真的是个好人。你信不信，一定是这样的场景：一个男人刚恋爱，女人会给他更高的情感价值，而她最需要的是什么？——经济价值。她想要零花钱，对吧？这个女人想自己赚些零花钱，从蔬菜供应商那里动点脑筋。站在老板的角度，他也很为难。但他重视交情，告诉你不会换掉你。你信不信，今天晚上这个局就是为你安排的？"我的朋友不吭声了。

我接着说："再想象一个场景，如果老板叫你去参加为你组的局，但今天唱歌大家都没费用，一定要找一个埋单的。女朋友会说：'你看，七八年的兄弟，你这么照顾他，你可叫不动他吧？你信不信我一个电话就能把蔬菜供应商喊来？'"当我说完这句话时，朋友瞬间跳起来，急忙说："付总，不说了，我马上去。"听到这儿，我相信你已经能明白其中的意思了。

在与他人交往或做生意的过程中，我们常常会遇到许多价值观不一致的人。从人际交往的角度来看，内心深处或许会不愿意与他们打交道，因为三观不合。然而，我一直强调，我们都是成年人，应该只关注利益而非交情。作为商人，你们的目标是通过生意改善家庭现状，提升妻儿的生活环境，改变孩子的未来。与他人私生活的选择无关，所以不应过于感情用事。

　　从商业的角度考虑，关键人物对你的生意会产生怎样的影响？他们能否为你提供帮助？这是第一点。第二点是，做生意是分阶段的，你必须清楚自己目前处于哪个阶段，这个阶段对你来说最重要的是什么，你需要做什么。需要明确的是，这样的大客户并不是你长久的合作伙伴，他们只是过渡性的人物。因此，我们需要反思，为什么你的生意伙伴和人脉如此，这表明你的社交上升存在问题，圈子的质量亟待提升。

　　如果你一直抱着"只求温饱"的想法，那还做什么生意呢？因此，在创业的过程中，我鼓励大家不断筛选人脉。人脉不是简单的积累，而是经过筛选的结果。寻找与自己价值观一致的伙伴，成为你生意上的助力。

　　这是第二个禁忌，希望大家都能理解。

适时谈交情

人脉是双向视角。

　　我有个朋友在浙江从事纺织材料生意，通过低价囤货和高价出售的策略，他在供应商中脱颖而出。他与一位在纺织行业具有重要地位的大哥合作多年，关系深厚。然而，当大哥的子女开始接手家族生意时，他面临一个挑战：新的掌权者是否会替换掉他这个老供应商？

果然，新的掌权者少东家在开发新产品时，需要从国外进口一种特殊的纺织原材料。朋友协助少东家完成了进货并签订了合同。然而，当货物到达港口时，少东家却以市场评估不佳为由，拒绝接收货物，并要求退回预付款。

面对这种情况，朋友找到了我。他告诉我，他已向大哥求助，但大哥只是表示："咱们都这么多年朋友了，没关系，你想怎么办就怎么办。"朋友感到迷茫，不知道该如何处理这个问题。

我告诉他，首先要分析这个问题的本质。他面临的选择是：

继续合作并承担损失？

通过法律手段追回尾款但可能破坏与大哥的关系？

我建议他从长期利益出发，考虑与大哥的关系以及未来的合作机会。

我说："这十一个货柜的原材料，还有30%的尾款，这个数额对你来说大吗？"

他说："说大也不大，说小也不小。"

我继续问："第二，这个损失你能承担得了吗？"

他说："如果让我承担的话有点心痛，因为这个数额有千八百万。"

我说："好，我们再从第三个视角来看，你可以选择撕破脸，按合同办事，实在不行就对簿公堂，你完全可以拿回尾款，一分都不差，一定会给你，因为你大哥是当地的龙头。"

他说："我都不用对簿公堂，我只要把合同拍到我大哥那儿，我大哥一定会给我付尾款。就是我如果这样做的话，这家企业我就别想干下去了。"

经过分析，朋友决定继续合作并承担损失。他准备了一些大哥喜欢的礼物，去找大哥喝酒聊天。在酒桌上，他没有直接提及货物的问题，而是与大哥回忆了多年的交情和合作经历。当大哥提到少东家和货物的问题时，朋友拦住了话题，表示今天只是想和大哥喝酒聊天，不提其他事情。

"大哥，今天我就是单纯地想你了，过来跟你喝喝酒。咱不提这个事。"

等喝到一半的时候，你跟大哥就表一个态。表什么态？**该谈交情的时候，要把交情摆到桌面上。**你跟大哥去回想，十几年你们一路走过来；你跟大哥去回想，当你囤货价格一路下跌的时候，大哥是怎么救你的呀？这时候你要以孩子叔叔辈即大哥的兄弟的身份跟大哥说：

"孩子现在已经执掌家业，也有一两年了。现在做得不比你差，这是我这个做叔叔的感到最欣慰的。

"第二件事情，大哥刚才你提了我为啥拦你？因为我们都是叔叔辈的，你说我不支持他谁支持他？咱们是一辈子的交情，我不就等于孩子的叔叔吗？我不希望他做得好吗？你说他想去开拓新的纺织品，他也是为了家族生意，但是后来考察市场，发现这个新的纺织品在市场上根本站不住脚，他及时止损没错，我做叔叔的就亏这点钱算个啥？我必须支持孩子。"

在酒桌上，大哥立刻拿起电话，直接指示儿子退掉那个供应商，并将其份额转交给我这位朋友。这告诉我们，虽然内心主要关注的是利益，但在关键时刻，将交情摆在桌面上能够换取更大的利益。我一直强调，我们要顺着人性做事，逆着人性做人。如果你的生意是依附于大哥的生意，你应该顺势而为，顺应客户的发展而发展。然而，本质上这一切还是为了生意。

面对这样的场景，我建议大家将利益分为两种：眼前的短期利益和长期利益。将这两种利益放在天平上比较，哪一方更重，就选择哪一方，这样你就能得出答案。

回顾三个禁忌：

第一个禁忌是借势不能变成仗势。一旦仗势，你就会失势。与老板交往的生意人应牢记这一禁忌，它至关重要。

第二个禁忌是在做生意时，不能违法违规，但也不能让价值观和道德底线干扰到生意层面。

第三个禁忌是，虽然我一直强调做生意不能讲交情，要讲利益，但也要记住另一句话：我们要顺着人性做事，逆着人性做人。在合适的时候，一定要大方地把交情摆在桌面上，这样才能换取更大的利益。

02

精进航向，深化连接

第一节 宝藏探寻：
开拓性、功利性、亲属性人脉的"盘活"艺术

"盘活"三大人脉，助力资源共赢：开拓性人脉、功利性人脉、亲属性人脉。

"盘活"，无论是在生意场景还是人脉场景都具有非常重要的战略价值，但是我们常常会遇到一些现实问题。比如，遇到大体量的联系人或是复杂的人际关系等。我们不能保证一个人一年见一次面，吃一顿饭，甚至打一通电话。如何针对不同属性的人脉进行"盘活"就显得尤为重要。

开拓性人脉

开拓性人脉就是针对许久不联系，甚至不愿意互动的低意向人脉，我们该如何"盘活"。

请大家设想这样一个场景：如果你有一个项目，而这个项目的负责人恰好是你以前的一位老领导，可你曾在共事期间得罪过他，

这时候你该怎么办，是放弃吗？这个项目一千万到两千万，你是不能放弃的。作为商人，遇到机会就不能退缩。这时，你很可能会想找到一个能跟他说得上话的人，并准备一份厚礼邀请他一起用餐，借此机会解释过去的行为，比如是因为受到他人的蛊惑，甚至站错了队，所以得罪了领导。

但是，这通常不是处理这种情况的最优解。

"盘活"人脉的根本是为我所用，因此也有对应的方法论。

遇到相似情况，或是开拓新鲜人脉，我们该如何做呢？

第一步，了解近况。久未联系，建立沟通的基础就是了解对方的近况，比如正在做什么事、想做什么事、在找什么人，等等。具体方法要围绕**你能帮他什么？**

第二步，如何约见。在社会关系中，我们如何正确约见，如何完成约见，是能否有效"盘活"的机遇。设想一下，当我们要完成一次预约时，你可能会说："领导，好久不见，最近我时常想起当年做您下属时您的谆谆教诲，不知道您哪天有时间，咱们可以坐一坐。"这样的约见方式过于客套，显然是无效的。试想，这位领导真的这么不明事理吗，对方已然位高权重，他可能会想：这小子半年多没跟我联系，突然找我肯定有事儿。最终结果多半是他不会见你。

要记住约见三要素：

· **明确表示身份，让对方快速建立印象。**

- **表述自身近况，建立联系。**
- **回述过往相关案例，展现项目相关性。**

　　在这里你要提升一个**高度**，一定要记住这才是成事的关键。提升这个高度是为了什么呢？比如说，你要给他一个进入场景的机会，让他能够看到：如果这个项目交给你来做，你能将其做到什么程度。第二步是让他明白，你完成这个项目不仅能成为他当前工作的一项业绩，甚至可能成为整个集团的标杆，成为他的政绩。如此他是不是就有兴趣来见你，与你面对面地讨论这个项目了？另外，如果项目交给你了，你打算如何实施也要讲清楚。

　　我经常说，我们与人脉互动，在某事上与人脉合作，不仅要安全、靠谱、听话，更重要的是你以为的人际安全，其实是事务上的安全。你如何在事务上为他提供双向赋能，这就是你们如何约见的关键。要从事务角度约见，而不仅仅是寒暄。

　　第三步，如何进入主题。约见前，将主题的控制权交给对方。例如："吴总，我最近半年一直在为这个行业的一些项目进行赋能。我听说您手上有这样一个项目，恰好是我特别擅长的领域。我想约您见面，表达一下自己对这个项目的想法。"这样从他的角度来看也没有压力，让他来决定是否见你。

　　通过介绍说明这个事你能做得多好，此时他心中可能会有两个疑问，你要把它们解答清楚。第一，为什么要把这个项目交给你？第二，为什么你能比别人做得更好？当这两点阐述清楚后，你就能直接与他面对面地讨论这个项目了。

功利性人脉

功利性人脉，简单来说，是针对临时抱佛脚、现用现交的人这个人脉，我们该怎么做。如何结交，如何使用这种人脉也是一种智慧。

当我们初次接触并认识一个新朋友时，应该如何恰当地引入话题？我曾有一位朋友遇到了类似的情况。他与一个集团合作了五年，其间发现该集团每两年更换一次采购负责人。面对这种情况，他采取了以下措施：每当新的采购负责人上任，他都会立即接触并主动邀请，告诉对方："领导，您刚到任，我们这个城市有很多特色，比如有许多美味的特色美食，还有很多吸引人的休闲项目。不知道您是否有时间，能否赏光与我一同体验？"然而，我相信许多人可能也采取过类似的做法，但结果往往并不理想。

我们如何快速建立联系呢？仅仅依靠功利性社交的"心意"吗？显然不是，这种做法往往无法建立有效联系，也存在诸多限制。当关系已经被定性为功利性人脉或功利性社交时，我们应该如何处理这种关系呢？

第一步，明确利益关系。依据你的行规，你该跟他怎么分就跟他怎么分。

第二步，建立合作边界感。你一定不要去请他吃饭，在公共场合或办公室见面时，你也不必表现得特别亲热，因为他也很清楚，他现在掌握着这样一个利益分配的权力。只要按照行规行事，他就能得到应得的利益。如果你想与他搞好关系，最好在私下进行。

第三步，注意交流尺度。如果新的产品经理向你打听与前任采购部经理的关系和互动情况，一定要谨慎回答，能不说就不说，注意把握尺度和分寸。当你急于向新人脉表示忠心而贬低前任时，要考虑对方的感受。他可能会想：今天你能说前任的坏话，两年后我成为前采购部经理时，你是否也会同样对外人谈论我们之间的交往经历？因此，维系人脉的整个过程，需要在思维上做到细致入微。

亲属性人脉

很多人说若亲戚不帮亲戚，这个亲戚就没用，其实真的不是说大家缺人脉，而是没有掌握好与亲属性人脉的相处方法。你做对了吗？

今天我可以很肯定地告诉你，亲戚是最容易帮到你的。这是在所有人脉中，你们天生就具有的优势。如果连有血缘关系的人都不帮你，你怎么能指望那些完全没有亲缘关系的人帮你呢？这不是在做梦吗？即使你和别人喝了几年的酒，互动了多次，然后认为自己和谁关系铁，有了三五年的交情，这可能只是在满足自己的情绪。

当然，通过亲戚关系建立人脉时，我相信大家可能都经历过一些不愉快的事。这里有一些方法可以借鉴。首先，你是否遇到过这样的情况：我有个朋友向我讲述了他的经历，这可以作为一个典型的反面案例。

他描述了这样一个场景：他的孩子目前在乡下读书，即将升入高中，他希望孩子能够进入县城的重点学校，接受更好的教育。

他有一个在县城担任领导职务的大哥。他希望能通过这层关系解决孩子升入重点高中的事情。于是有了以下对话："你是孩子的舅舅，娘亲舅大。我的孩子不就是你的孩子吗？你看能不能帮忙让孩子有个好的发展机会。如果他能在县城里读这所学校，将来也许就能考上好大学。"

然而，在这个过程中，他表现出了对规则的深刻理解。他对大哥说："现在办事并不容易，我们都明白规则。无论需要花费多少，请您事后告诉我具体数额，我会承担这笔费用。现在农村的情况也有所改善，不再像过去那样困难，因此请您直接告诉我就行。"

事情最后办成了。他在9月1日把孩子送到县城的学校，确实安排妥当了。上课铃声响起后，他回家拿了一个红包和一篮子鸡蛋再次来到大哥家，他说："这是我妈给你带来的，乡下土鸡蛋。"然后把红包往桌子上一放，说："这个是为了感谢你的。"然而这个红包的厚度看起来着实不那么可观。

他告诉我，当时这位大哥表现得非常慷慨，那段时间他觉得这位亲戚品德高尚。大哥当时表示愿意留下鸡蛋，因为他特别喜欢吃自家乡下的土鸡蛋。但对于钱，大哥坚持要他拿回去，理由是作为孩子的舅舅，也是自己的孩子，强调了他们之间的亲戚关系，并表示不需要用金钱来衡量这种关系。大哥还提到，办理这件事并没有花费他太多精力，他认为这位大哥真好。然而，几年后，当孩子考上大学，想要选择一个好专业时，他再次找到这位大哥帮忙，却发现大哥突然变得非常忙碌。

他甚至没见到对方，发送的微信也没得到回复，即使拨打电话，对方也只是匆匆表示正在开会，要求他长话短说。他明白对方不愿意帮忙处理这件事，最终这位大哥也没有提供帮助。他对此感到困惑，不明白为什么两年前这位大哥还非常热心，现在却不再帮他。他来找我寻求解释，我告诉他，这种关系发展到现在的局面，问题出在他的身上。

原因在于，你认为孩子的舅舅出于职位关系，处理这件事对他来说轻而易举。但现在，尤其是这类事情，它是有行业规则的。你可以去询问，现在有人说至少需要三万到五万的费用。在这种情况下，我们不能再像之前那样说话。你应该这样说："孩子已经到了这个年龄，我也知道要进入重点高中需要花费五万。我先给你三万，如果资金不足你再告诉我。"你相信吗，即使孩子参加高考，他舅舅仍然是他舅舅。

至于如何补救这件事也很简单，因为他是与你有亲缘关系的人。你就跟他说："上次我没说清楚，红包是孩子的零花钱，是孩子用来感谢的。但是你忙前忙后，我知道你作为孩子的舅舅肯定不想要我的钱，但这里面是咱求人，这个人情咱得还。我拿了三万，你去还还人情，请人家吃个饭。"只要他接了你那三万，你信不信孩子的大学、孩子大学毕业后的工作，舅舅还是舅舅。

我们再来看一个情景：我有个亲戚，他在一家大企业集团当董事长，同时，你也在做一个相关行业的小公司。结果每次你看到他那集团有一些大项目都给别人做了。于是，你请求对方给予一些机会，这时候亲戚永远就是一句话："兄弟，是这样的，你就安安稳稳地把你目前的项目做好。现在做生意没你想象的那么简单，大项目有大项目的风险，小项目有小项目的安逸。我不想坑你，因为这项目做好还好，搞不好你都要赔。"他每次都这么说，真的是这么回事吗？

我们应该如何正确处理这种事呢？

在读本书之前，你可以保持原有的观点。但我会坦率地告诉你，问题的根源在于你。要解决这个问题，首先需要改变的是你的身份认同。在他人眼中，你可能只是经营一家小公司的人。你需要明白这一点，并在此基础上进行相应的改变。

· 第一步，改变身份

应当如何调整你的观点和行为？当你的表亲或堂叔担任董事长时，你需要观察他们与哪些规模的公司合作。你可能认为这是一种资源整合的过程，如果你这样理解也是可以的。那么，如何提升自身的地位和影响力，以便你能够利用与这些亲戚的关系，将项目引入并参与其中？这样，你就相当于站在了资源链的较高层次，达到第二层级。你是否理解这一点？

你拥有信息资源。当你将这些信息提供给企业负责人时，该负责人不会为你赋予特定的身份。即便你找到我，并表示你是我的亲戚，是同宗共祖的亲属，在这种情况下，如果这个项目涉及3000万元资金，我会告诉你，你可以对外宣称是我的股东。这样，你的身份就会得到相应的提升和变化。

· 第二步，改变角度

所谓的角度，指的是你的优势所在。你的优势在于你家中有亲戚在当地担任重要职位，并且你获得了股东身份。接下来，你需要改变的角度是，作为业务人员，你不应简单地利用这些优势与亲戚建立联系。如果对接不当，就应当调整策略。正确的做法是将专业事务交由专业人士处理。你应该让赋予你身份的企业派遣技术支持人员，让专业工程师来介绍项目，从而让你的亲戚认可这个项目，这样才是真正的安全和可靠。许多人在这一点上都做错了，你需要对此有清晰的认识。

· 第三步，善用中间人的力量

例如，你的堂兄、表叔等具有一定话语权的亲戚。如何有效利用这种力量，这与我之前提到的商务聚餐故事中所学到的技巧有相似之处。

首先，切勿盲目自信地宣称自己是真正的亲戚，也不要夸大其词地谈论小时候一起在树林里捉鸟等往事。其次，不要在公共场合提及你的大哥或亲戚如何支持你，或要求他们陪同你去拜访某位老板并为你引荐。正确的做法是在私下里与这些亲戚或大哥进行深入沟通。为什么这样做？因为在现代社会，仅仅因为亲戚关系就将生意交给你，如果随意在外界宣扬，可能会给大哥或亲戚带来不良影响，别人可能会误解或歪曲这些信息。

有效利用中间人的力量意味着你需要与他们进行深入的私下交

流，同时确保你所做的事情专业可靠。这样，你获得项目的过程就会显得自然而然，水到渠成。

提高自身的身份价值，从不同的角度思考问题，同时善用中间人，这三点才是真正重要的。如果这三点能够充分理解，有效"盘活"你身边的人脉并为你所用，也就并不难了。

第二节　智慧舵手：
构建思维链路，深化人脉联系

打开思维链路，情感上的艺术也是人脉上的艺术。

在谈论如何建立人脉并高效运用时，很多人会找不到突破的方向。原因在于无法有效建立思维链路。如果无法解决根本因素，这种情况就会变成常见现象。即使积累了很多人脉，添加了许多联系人，参加了很多酒会，也无法有效建立人脉，甚至会成为事业发展路上的绊脚石。因此，解决这个问题便成为高效互动的基础。

如同"授人以鱼不如授人以渔"，解决问题的根本在于建立完善的"思维链路"。能够建立一个完整的思维体系，使您在不同环境中能够采取更灵活的应对措施。同时，在思考过程中，要及时运用"场景联想法"，在遇到案例时迅速建立场景思维，这将有助于你更好地进行思考。

接下来，回顾一下我年轻时的一段真实合作经历，以便进行深入剖析。

另辟蹊径，才能出其不意

在我年轻时，对于人脉经营体系的理解并不清晰，这部分缘于我的原生家庭。然而，在我27岁那年，得益于一些资深人士的指导，我的人脉经营体系逐渐形成了一个更加系统化的结构。

我最初来到河北省某市，担任一家广告公司的业务经理。当时，我得知当地一家大型商城即将开业。对于从事自媒体行业的人来说，自媒体曾被称作广告公司，大家都知道如此规模的商业载体开业必然会带来大量的广告业务机会。那时，我听到同事们讨论，提到商城的负责人，即最高管理者，非常难以接触。

原因在于他们已尝试多次。据说，该负责人同时兼任某华联集团董事长及商城董事长，拥有众多头衔。即便多次尝试电话联系，仍然无法接触到他。当我了解到这些情况时，认为我们不应该采用常规的方法。

有一天，我给我的一个朋友打电话，他是河北某报驻市记者站的主任。我询问他是否有时间在接下来的几天内见面。主任立即表示同意，并提出后天有空。我问他为什么明天不行，他告诉我明天是商城的奠基仪式。我表示理解，并提议后天见面。

听到这里，你可能会疑惑我为何讲述这些内容。接下来，我将通过一个完整的案例来说明，案例中的每一个环节都包含了思维过程。请你跟随我直接进入这个场景。当时，我感到机会来了，因为我们一直无法接触到商城的负责人。既然明天有奠基仪式，为什么不直接到现场去呢？

第二天，我到达了活动现场，发现保安人员用绳索将周边区域隔离，并且有领导出席。这是因为该活动是一家百货商场的奠基仪式，需要领导的参与。仪式大约在十点结束，主持人随后宣布："热烈祝贺××商城奠基仪式圆满成功。"

仪式结束后，我迅速拉开旁边的绳圈，跨入了隔离区域，并掏出自己的名片，向领导表示敬意，请求与他交换名片。在这一过程中，我避免了过多的客套话，以免给对方太多反应时间。对方随即与我交换了名片。

你可能对此表示怀疑，甚至觉得我在夸大其词。毕竟，现场有保安的阻拦，还有领导的出席，一般人怎么可能有机会与领导交换名片呢？但其中有两个关键点，一旦听我解释，你就会明白整个情况。

首先，在如此正式的场合中，我们不能假定任何人不会携带名片。无论其地位多么显赫，可能还有他们的上级领导在场，因此携带名片是合乎礼仪的。其次，在这样的正式场合，如果有陌生人进入并表达对他的敬仰之情，希望与他交换联系方式，他是否会拒绝？拒绝是否合适？这是否与他的身份相符？

因此，有些人可能会说我年轻时胆子很大。但这并不是胆大或胆小的问题，而是思维方式的问题。当你理解了这个场景，就能拿到名片，拿到名片之后，我相信你就会觉得事情变得容易了。但请注意，这并不是结束，而是开始。正如我之前所讲，参加线下行业协会、酒会，或者想与领导或行业领袖建立联系时，我们需要做什么？这包括准备工作，以及在实际商业场景中，即使拿到了领导的手机号码或微信，也不能直接联系。我们需要找到与他们交流的切入点，寻找互动的点。

真诚建立联系，摆正思维链路

在那个没有互联网的时代，如果你想见一个人，与他建立联系，甚至走进他的办公室交谈，你需要给他一个见你的理由。

在这种情况下，有人可能会质疑，认为我在自相矛盾。他们可能会问，为什么在没有互联网的时代可以做到这一点，而在互联网时代，人们却只能通过自媒体、公众号、招聘网站等渠道进行信息传播和交流？在那个时代，如果想见一个人，与其建立联系，或者坐在他的办公室里交谈，确实需要给他一个理由。如果能理解这一点，你的思维就能与我保持一致。

在常规场景中，当你获得联系方式并拨打电话时，你可能会这样说："您好，董事长，我姓付，名叫付东旭，是北京××广告公司驻××办事处的业务主办，负责广告业务。我想与您约谈有关广告业务的事宜。"这是不是你做生意的方式？如果你这样做，得到的官方回复很可能是："小付，这件事不是我负责的。我们集团有专门的广告部门，位于集团大厦的三楼。"甚至他会告诉你具体的房间号码，让你去找他们。

这样，你可能就失去了一次与他见面的机会。在人脉交往的场景中，不是如高考那般，今年没考上可以明年复读再考，而与人脉建立联系，从陌生到熟悉，往往只有一次机会。如果错过了，可能就没有第二次。请务必记住这一点。

这确实是一个需要你打开思维链路的问题，在每个环节我们都必须经过深思熟虑。在想要安排见面时，我们必须给对方一个合理的理由。以我的做法为例，当时我拨通了电话，说："您好，董事长，我是昨天在您的启动仪式上收到您名片的那个人。"董事长回应说："小伙子，你好。"我接着说："我是广告公司的。"我一提到广告公司，对方就咳嗽了一声，表示："做广告的，你找我们广告部，我不负责业务。"我立即表示认同，说："非常正确，董事长，我知道您很忙，您也不负责业务。但请允许我说明，我们的广告公司与其他广告公司完全不同。"这时不需要等他回应，你应该继续自信地阐述下去，因为你已经抛出了一个疑问，这会吸引他认真聆听。

我会接着解释为什么我们与众不同：通常来说，广告是用来宣传企业，对外展示企业形象的。但这种形象往往是平面的，因为在那个时代，视觉识别系统（VI）还是一个舶来品，那时候甚至还没有VI，只有CI（企业识别系统）刚刚进入中国，这是一个非常先进的理念。

当时我表达了这样的观点：我们公司在进行广告宣传时，首先从CI的角度出发，深入挖掘企业经营者的经营哲学。当我们将这些经营理念提炼并凝聚后，再将其融入广告之中，这样制作出的广告不仅仅是企业形象的展示，更是一种深度的广告方案，传达的是企业的内在精神。

当然，我当时的表述更为简洁，仅用了短短两分钟的通话时间。董事长立刻表现出兴趣，认为我的观点与众不同。他询问我何时有时间到他的办公室进行深入交流，我表示没有问题，时间由他来定。由于我当天下午已有安排，于是提议第二天上午九点半左右在他的办公室见面。这样，我顺利获得了与他会面的机会，因为我提供了一个让他愿意见我的理由。我与他确实是素未谋面，之间并没有通过任何中间人或市里领导的介绍，也没有进行过任何形式的交际。那时我仅是一名广告业务员，如果请他吃饭，我甚至无法报销费用，需要自掏腰包，而我当时经济并不宽裕。第二天，我前往他的办公室，我们的交谈非常愉快。我反应敏捷，情商较高。情商，正如我先前所解释的，指的是在任何场景和环节中，能够准确找到并摆正自己的位置。

在交谈中，我恰当地表达了自己的观点，首先与他讨论了CI的理念，随后又探讨了一些企业经营的概念，我们互动了大约两个小时。我从早上九点多到达，一直聊到十一点多，接近中午用餐时间。在这种时候，不应该表现出过分的礼貌或礼仪，不要认为因为到了用餐时间就应该结束对话。相反，应该继续与对方深入交流，因为对方可能对话题正感兴趣，聊兴正浓。

董事长查看时间后发现已经是11点45分，于是提出建议："付先生，中午你不必返回，可以留在我这里。我们这里有一个不错的食堂，我还将邀请广告部的小赵等人一同加入，我们大家可以共进午餐，顺便互相认识一下。"在这种情况下，你不应该争论，而应礼貌地回应："以您的时间为准，由您来组织这次聚会，我来负责安排和支付费用。"

如果你采取这种套路，就无须读这本书，因为这是一般的人情世故，别人怎么做，你也跟着做。但这样你又能得到什么呢？你应该跟随我的思路继续思考。到了中午，广告部来了三位年轻人，大家一起用餐并进行交流。请注意，在用餐场合与办公室场合是不同的，你需要记住，在不同的场合下，我们应该说不同的话。这些都是重要的知识点，请大家务必牢记。

与人脉互动，不要老是想着那些请客吃饭、人情往来、利益分配的老套路，更多的是要让人家欣赏你。

当大家就座后，董事长也未能免俗，便问我："付先生，您之前从事什么工作？"我回答："我曾在石化系统工作，四年内晋升到正科级。"董事长对此表示赞赏："小伙子不错。"他接着问我："这么好的待遇，你为何放弃？为什么选择到我们这里来？在这儿有熟人吗？"

我微笑着回答："这是我第一次来到本市。"此时，旁边的一位年轻人机智地接话，他们都是一个系统的人，个个聪明。其中一位说道："付经理能走这么远，来到我们这里，俗话说'人行千里，必有其财'，这不就是为了追求财富吗？"话题就这样展开。我提出了一些理论，这是我真诚的见解，并非虚构。

实际上，追求财富并没有错，因为人生需要物质基础作为支撑。然而，我对财富的理解有所不同。我想分享的是，在我26岁那年，形成了这样的观点：我认为财富对每个人都是平等的。每个人出生时，上天都会赋予相等的财富，但这些财富并不会直接交到你的手中，而是隐藏在遥远的森林之中。从我们懂事、步入社会开始，便不断向这片森林进发。

在这个过程中，我们会遇到各种困难，而解决这些困难的能力正是我们成长的标志。若我们能够缩短到达森林的路程，比如在30岁时抵达，就能获得原本属于自己的财富。然而，我也观察到，许多人终其一生都无法到达这片森林。对于那些幸运到达的人，他们可以顺便开发这片森林中许多未被认领的财富。

我认为，成功当然是越早实现越好。尽管我来到这座城市时没有任何背景和熟人，但只要我持续努力，即使在40岁或50岁时到达森林，这些财富仍然属于我。因为我深刻认识到，人生只有一次，除了死亡，没有什么是真正重大的事情。

当时，我感到非常激动。现在，回顾那时的想法，我发现自己对财富的认知至今未变。26岁的我满怀激情地谈论这些观点，言辞流畅，当我谈话结束后，旁边广告部的几位年轻员工都听得目瞪口呆。与此同时，我从董事长的眼神中看到了认可，更重要的是，我感受到了他对我的欣赏。这让我想到了我常跟大家说的，与人脉互动时，不要总是局限于传统的交往方式，如请客吃饭、人情往来或利益分配，而应更多地欣赏对方。后来，我承接了那个广告项目，但这儿就不详细讲述了。

我原以为这仅仅是运气带来的礼物，后来发生的事情却改变了我的想法。

共鸣的力量，一蹴而就的基础

在那段时间，我感到非常自豪，因为我26岁就能承担如此重要的业务，觉得自己非常了不起，走路都带着风。如今回想起来，我仍然感到兴奋。那时，我非常骄傲，认为自己运气来了，遇到了"贵人"。但真的是这样吗？第二天，我和河北某报驻站主任一起吃饭。在饭桌上，我们聊起了这个话题。我详细叙述了与董事长见面的整个过程，主任对我说，你做得非常对，并问我这些是谁教我的，我回答说没有人教我。

他接着告诉我，董事长原本是百货站的一个仓库保管员，也算是一个普通人，通过一步步的努力，加上"贵人"相助，从保管员升到了董事长。他是一个普通人逆袭的典型。但你知道他为什么会帮助你吗？我说这不是运气来了吗？运气来了，任何人都无法阻挡。

他否认了这一点，并告诉我，他曾专访过董事长，董事长讲述过自己过去艰难的岁月和工作中的努力，甚至提到过加班至深夜的情况。他说，董事长在谈论这些往事时，眼中闪烁着泪光。他接着说，我告诉你，你现在的经历与董事长年轻时的经历非常相似。听到这里，你可能会觉得我的故事非常精彩，但如果你这样认为，说明你已经被故事本身吸引，而没有从思维层面去理解。

在与人脉建立联系时，我并不反对你采取传统的社交方式，甚至可以根据你们行业的规则和所在城市的特点进行利益分配。但我必须告诉你，有一种信任超越了物质层面，那就是你**身上有他年轻时的影子**。在这种信任的基础上获得的帮助是无私的，他不会向你索取任何回报。

因此，许多人的思维尚未打开，他们只是盲目模仿他人，沉溺于饮酒，花费了大量金钱。实际上，我也有类似情况，很多人可能知道我非常热爱斯诺克，水平相当不错。包括我最近去深圳时，首先购买了一张会员卡，因为那个俱乐部有丁俊晖，当时他13岁，正在那里训练。

那时，打斯诺克已成为我的业余爱好。我看到一个十二三岁的孩子，球技不错，正在练习。我走过去对他说："小兄弟，我们一起来打一场吧。"他回答："大哥，我自己练习就可以了，我打得还不是很好。"我告诉他："其实你打得已经很好了。你这么年轻，为什么不上学呢？"他回答："大哥，关于上学的问题我不想多说，我更热爱斯诺克这项运动，我想把它作为我一生的事业。"我说："既然你如此热爱，你一定有目标。"

然后我问他："那你的目标是什么？"他告诉我："我的目标是参加世界斯诺克排名赛，并进入四强。我想和我的偶像们一起拍照、一起打球、一起举起奖杯。"这真的触动了我，这不就是我的理想吗？这不就是我年轻时，拿着斯诺克杆，满怀激情地拍打胸脯时的理想吗？后来在聊天中得知，他家境贫困，每天只能在俱乐部练习两个小时，其余时间需要去打工，以支付俱乐部的费用。

事实上，我并不认识这个孩子，但我为他支付了两年的会费。然而，出于家庭的一些原因，他后来无法继续打球，转而去工作。在此期间，我也为他介绍了一些工作机会。后来我离开了深圳，由于随着时代的变迁更换手机号码较为频繁，导致我们失去了联系，这让我感到非常遗憾。如果现在他能联系上我，我相信我们会成为非常好的朋友。无论他这些年经历了什么，我对他的信任始终没有改变，因为他让我想起了自己年轻时的模样。

以上，我们可以归纳这段经历的思维链路：

- 创新思维与策略
- 高情商与应变能力
- 深度的专业知识和见解
- 独特的财富观念和个人魅力
- 真诚与信任的建立

在信任的基石之上，我深刻体会到，真正的互动不仅仅停留于表面的礼节与交换，更在于情感的真诚投入。只有你真心地将情感融入这段关系中，才能拥有"贵人"。这样的"贵人"关系超越了物质与利益的界限，将成为彼此生命中不可或缺的一部分。

第三节 共赢海域：
精准定位，多层沟通，撬动人脉杠杆

杠杆之下，轻启重门，权衡利弊，诗意交响。

"人脉经营的核心关键"，这个主题一经提出，势必引起大家的高度关注。而这个核心关键就是"相互需求，双向赋能"。这八个字，希望你能深刻印在脑海里，铭记于心。人脉的核心即为平衡，如同杠杆，一旦失衡，便分崩离析。

本章节，我们同样采用两个相似案例建立思维链路。

我们每个人都有着三年、五年、十年甚至二十年的朋友，但当涉及项目合作时，有时他们却并不愿意与我们携手。这样的场景，你是否也曾经历过？

案例一

"你别想那么多，年轻时你就好高骛远。你还是把歌唱好，比什么都强。好好唱歌吧，别想这些事，你做不了。"

你们之间的关系已经维持了二十多年，这说明在情绪价值上你们是没有问题的。但是针对人脉合作所需的双向赋能则需要进行更细致的考量了。

在对方眼中，你只是一个唱歌的，标签就是演艺事业。当你突然提出要做砂石材料生意，尤其是对于一个私营企业的老板来说，他首先会考虑你的砂石材料产品是否合格。其次，你只是一个中介，连接着砂石材料的供需。作为私营企业的老板，他的核心诉求是省钱、省资源，同时你的产品还得好。

关系好并不意味着他会因为这个关系让你赚到更多的钱。在与私营企业合作时，不要一上来就请人吃饭或表现出明显的意图。在私营企业老板眼中，你送的酒、请的饭，以及娱乐活动的费用，最终都会在他的产品中体现出来。

那我们应该如何处理这种问题呢?

首先，展现自我优势。只要你能提供与他当前产品相同品质的砂石材料，并且价格比他现在的供应商便宜（但不能偷工减料），就能吸引他的注意。

其次，转变身份，建立基础。因为在对方眼中你是个唱歌的，你可以跟他说："兄弟，这几年没联系，我忘了跟你说，我现在和一个公司一起成立了一个砂石材料的矿，这个资源是我哥们那儿出的。"

在这个案例中，破局的关键在于不要忘记自己的优势。你不是产供销一条龙的老板，你的优势在于人脉。我们站在人脉的第二端，介绍产品时要让专业的人来做专业的事。你应该让与自己合作的第三方以专业的角度介绍产品，因为他们才是做这个产品的。只有满足相互的需求，才能实现双向的收获。

案例二

我曾经与朋友交谈，聊到了他的近况。他与当时的大学同学关系密切，二人考入同一系统。然而，同学的发展远超预期，最终在电力部门成为企业高层。相比之下，他在几年后发现自己可能并不适合仕途，于是决定离职创业，开始从事与原行业相关的生意。然而，他的小公司一直未能取得显著发展。

朋友深知人脉对发展的重要性，于是找到这位同学，希望能得到一些项目支持。两人关系非常亲密，甚至互请吃年夜饭，且他们的妻子也是闺密关系。然而，尽管朋友多次明示暗示，同学却始终不愿意将项目交给他，甚至拒绝了朋友妻子通过"枕边风"提出的利益分配建议。通过他的对话，我了解到他最本质的错误在于没有从生意人的角度切入。让我们来听听他当时的对话，作为一个反面典型：

"老同学，你这个电力部门的项目能不能给我做？你别看我现在公司小，但一两个项目就能做起来。"

"这个项目我跟你说你做不了，甚至这些垫资，你可能都承受不住。"

"我在银行有熟人，我能贷出款来。"

从这段简短的对话中，我们其实已经可以窥探到了不靠谱！不安全！

他感到困惑和无奈，尽管尽力利用了自己的人脉，但似乎并没有起到预期的效果。人脉重要，但更关键的是如何正确地运用人脉。要点就在于六个字："**安全、靠谱、听话**"。

从企业"一把手"的角度来看，他奋斗了多年，即使临近退休且晋升无望，他也不愿意让自己的职位下降，更不希望在退休时职位被降低。因此，尽管他看似无欲无求，实际上仍然非常在乎自己的职位和声誉。

如何做到"靠谱"呢？

要做到靠谱，你需要从思维层面出发，考虑你的项目如何能为对方带来好处。不要仅仅停留在利益分配的层面，而是要思考你的项目如何能成为对方的成绩、业绩甚至政绩。如果你能模拟一个在全国范围内非常成功的项目，并制定一个详细的方案给对方，让他觉得这个项目落地后能为他带来政绩，他肯定会眼前一亮，甚至可能因此提拔你。

因此，你需要将你的生意场景与对方的政绩、成绩相结合，让对方看到与你合作的好处。同时，你也要确保项目的落地实施，避免让对方因为与你合作而身败名裂或失去官职。这样，你才能真正做到靠谱，并赢得对方的信任和合作。

提到人脉，大家往往将其视为灰色地带，认为它涉及拉人下马等不正当手段。然而，这并非人脉的真正含义。实际上，人脉更多的是关于思维层面的事情。当你打通了这些思维链路，你会发现接生意并不那么困难。

　　之前提到的"关键核心"，希望你能深刻铭记："相互需求，双向赋能。"结合我之前提到的案例、解决方式以及"安全、靠谱、听话"的原则，可以解决人脉经营的大多数问题。"杠杆之下，轻启重门，权衡利弊，诗意交响。"

第四节　航海家的思维：
精准把握，多维沟通，共创辉煌

人脉为基，撬动生意场的无限资源

商业的核心本质是提升资源杠杆的效率。然而，当我们将其置于实际操作的场景中时，它实际上是关于提升人脉资源杠杆效率的艺术。这并非个人的独创观点，而是自古以来存在的智慧。

让我提及一位或许你并不陌生的人物——范蠡。他被誉为"商圣"，其生平堪称传奇，以泼天之富闻名历史。

然而，在早年，他只是一位普通的商人。当他踏入齐国时，商人的敏锐直觉使他立即探寻当地的商机。他很快发现，齐国的马匹膘肥体壮且价格低廉，而吴越地区对优质马匹的需求极为旺盛，但价格却异常高昂。这一显著的商机让范蠡眼前一亮，但随之而来的另一个问题是：为何如此有利可图的生意却无人涉足？

这并非因为古代人缺乏智慧或洞察力，而是因为从齐国到吴越的路途遥远且危险重重，强盗横行，使马匹难以安全送达。面对这一难题，范蠡开始观察并寻找可能的解决方案。他的目光最终落在一位名叫姜子盾的大商人身上，此人经常往返于齐国与吴越之间，且从未遭遇过强盗的侵扰。

若按常理推断，多数人可能会选择直接拜访姜子盾，希望通过人情往来或金钱交易来借用其关系网。然而，范蠡的思维却与众不同。他并未采取这种直接方式，而是贴出榜文，宣布自己新开的小店将免费提供从齐国到吴越的运输服务。这一举措迅速吸引了姜子盾的注意，毕竟在商场上，利润最大化是每位商人的共同追求。

不久之后，姜子盾便派人与范蠡联系，询问其服务的真实性，并表示自己有一批丝绸需要运往吴越。范蠡欣然接受，并顺利达成合作。最终，姜子盾的丝绸通过范蠡的马队安全抵达吴越，而范蠡也借此机会将自己的马匹运往吴越销售，成功赚取了人生的第一桶金。

范蠡的智慧和策略在那个时代便已显现无遗，这也是他为何能被尊称为"商圣"的原因。或许你会质疑，这样的故事与我们现代商业环境有何关联？请记住，商业的本质始终是相通的。**即使你身边没有像姜子盾那样的资源或人脉，你也可以通过自己的智慧和策略去发现和创造机会。**正如我之前所提，在环境不佳的情况下，建立互动关系往往能为你的生意带来更加稳定的利润和安全的回款。

精准定位与多层沟通的艺术

在商业领域，人脉资源的重要性及其有效利用的道理不容忽视。通过精准定位市场需求与机会、巧妙运用沟通技巧，以及与不同层级人员建立有效联系，商人们能够撬动更广泛的资源，实现业务的快速增长。这不仅是提升资源杠杆效率的关键，也体现了在复杂商业环境中，智慧与人脉并重的成功之道。**建立思维链路，如何进行有效的推动，则是一种智慧了。**

再举一个例子。我有一位温州的朋友，他曾经一无所有，但现在已拥有丰厚的身家。他并非仅凭空手套白狼取得成功，而是运用自己的思维，在各巨头企业之间巧妙游走。在过去三年中，他已经拥有了7家五星级酒店。新冠疫情过后，他注意到大公司开始释放一些项目，于是便开始采取行动。

听到这里，你可能会好奇我是如何了解到这些细节的。我可以告诉你，我与他的关系非常好，我们在生意上有多年合作。他对我所说的一切都是真实的。尽管表面上看起来他在各个省市都有广泛的关系，但实际上，他并不认识任何人。

当时我确实感到非常奇怪，问他："您一个人都不认识，怎么一会儿与经理共进晚餐，一会儿又与董事长共进晚餐，他们为何会招待您？"他回答说："这很简单。我首先访问大公司的一些公开网站，找到招商局的页面。"他接着解释，许多老板喜欢查看好的项目或投资热门城市，但他选择的是四线以下城市。

第二步，他寻找那些在招标网站上挂出至少半年且招标不成功的项目。这些项目对企业来说是个难题。他接着说，招标网站上会公示办公电话，他会拨打这个电话，并阐述："我从网上看到贵公司的招商网站，注意到了这个项目，并且我对这个项目非常感兴趣。我是从事这一行业的供应商，有投标的意向。"对方通常会回应："您好，老板，既然您有投标意向，那太好了。我们可以约定一个时间，您能否到我们工厂进行现场考察？"

当被问及如何进行沟通时，他回答道，过程其实非常简单。他向对方表示，自己恰好在邻近的省市拜访朋友并洽谈项目。如果对方方便，他愿意按照对方的时间安排进行会面。通常情况下，对方会提供最近的时间选项，询问他是否明天或后天有空。他告知对方，自己这边的事务预计半天内可以完成，之后便可以前往对方所在地。

到达对方所在地后，接待他的是招商局的一名普通工作人员。该工作人员带领他参观了项目，并提供了详细的项目介绍。此时，他开始表现出对项目极大的兴趣和热情，甚至详细描述了投资该项目后的经营计划和发展前景。他经常引用我的话，即"进入我的场景"，他与招商局的互动也是这样进行的。

会谈结束后，招商局安排他住宿。在住宿期间，朋友提出，如果方便的话，希望第二天能抽出时间与局里的领导进行一次更详细的汇报。

招商局的工作人员无疑会对此表示欢迎，因为该项目长时间未能成功招商，现在突然有企业家表现出兴趣，这无疑是一项成绩，他自然会向上级汇报。第二天，朋友会顺利地与招商局的领导进行会面。在会面过程中，需要注意的是，不同层级的人士使用的语言风格是不同的。与招商工作人员的交流方式同与领导的交流方式必然有所区别。

在与招商局局长的会谈中，朋友的言辞与之前完全不同。他表示："实际上，关于昨天的项目，我已经与您的下属分享了一些想法，我相信他也已向您汇报。"接着，他转换了话题，用另一种语言风格继续说道："事实上，我年轻时曾在这座城市学习，对这座城市有着深厚的感情，因此我对它非常了解。鉴于当前城市经历了三年疫情的影响，我对一些项目仍然保持着浓厚的兴趣，并希望进行更大规模的投资。"

这里运用了一个重要的知识点：**不同的层级有不同的语言**。他会根据对方的身份和地位，调整自己的话语和表达方式。

在与招商局局长交谈时，他会强调自己对这座城市的感情和了解，以及更大的投资意愿。

招商局局长对此表现出了浓厚的兴趣，因为招商局的职责是吸引投资，投资额越大，其工作成绩和政绩也就越显著。因此，招商局局长热情接待了企业家，并与他深入讨论了更大范围的投资。招商局局长表示，目前政府正通过资源换取资本，并期望更多企业家前来投资。

如果你对所讨论的事情表示怀疑，认为我的观点不可靠，我诚恳地告诉你，目前一些省市的招商引资工作确实面临巨大挑战。疫情之后，为了刺激经济，许多企业家并不愿意将手中的资金投入市场。此外，随着一些大型企业如万达、恒大等出现财务危机，银行的信贷额度也在减少。为了吸引投资，民营企业家成为政府的首选目标，这一点应该能够得到你的认同。

在这种情况下，招商局局长必然会将招商引资的困难情况汇报给负责招商引资的副市长或副县长等高层领导。我的朋友也表达了他的想法，他甚至有意在这个城市进行更大规模的投资，但他目前只使用了一到两个资源点，希望能够引入更多资金，包括我们浙江商会的许多朋友，他们手中拥有更充裕的资金。作为浙江商会的副会长，他有能力动员这些资源。

第三天，通过这样的联系网络和思维模式，他成功与负责招商引资的副县长和副市长进行了会面。如果你仍对此持怀疑态度，我可以告诉你，你可以访问任何一个城市的政府招商引资网站，查看对外招商引资的政策。这些政策包括提供土地、免税优惠，甚至解决户口问题、大学生就业和安置住房等。可见，政府为了吸引投资，确实采取了极大的激励措施。

当他见到负责招商引资的副市长时，他的言辞发生了变化。需要记住的一个重要知识点是：不同的社会层级使用不同的语言。当他见到副市长后，他采用了另一种话语，对副市长说："这个城市对我而言，不仅仅是一个投资的地方，我对其有着深厚的情感。我愿意在这里投资10亿元或20亿元。但更重要的是，我们谈论的是资源与资本的交换。我愿意将资本投入这里，但我也知道你们不会希望我将全部身家都投入这个城市。你们应该希望我能够获得回报，不仅仅是作为一个投资者，而是希望得到政府的支持，让我的项目能够生存并创造利润，从而推动整个城市的GDP增长。"

市长或县长一定会认同这样的说法。此时，你可能会想到，我最初提到的那个项目是否已经由他的朋友接手了。答案很可能是否定的，因为到了这个层次，他不会再使用那个层次的语言。他将会有更多的项目来选择，并决定资金的投入额度。

如果你能够理解这些链路，承接政府的项目将变得相对容易。政府的工作目标是公开透明的，不应认为一旦涉及关系，就需要通过各种途径去接触、认识，借助一些势力或关系，与他们坐在同一张桌子上建立友谊。这种做法已经过时了。

在这个新时代，你需要记住一个关键字——快。首先是打通你的思维链路，其次是让你的项目进展得更快。这并不是来学习如何通过请客吃饭或人情往来建立关系。

本文的要点可以概括为以下几点。首先，正如在案例分析中所提到的，不同的层级使用不同的语言。其本质在于，商业的核心在于提高资源杠杆的效率。在实际情况中，我们的目标是提升人脉资源的杠杆效率。其次，当你获得项目并开始实施和落地时，你需要将前文中获得的资源和信息应用到当前场景中。

通过这样的策略，我的朋友在疫情过后迅速扩大了自己的项目规模。尽管他在与政府的关系方面是空白的，但他通过满足对方的目标来实现自己的需求，成功提升了人脉资源杠杆的效率。这再次证明了商业的本质在于提升资源杠杆的效率，而在实际场景中，这种提升更多地体现在人脉资源的杠杆效率上。

我们可以针对当前的内容做出阶段性的归纳总结，以便于理解：

- **层级语言差异**

关键点：不同层级沟通语言各异。

解释：在商业交往中，与不同层级的人交流需使用适合该层级的语言和方式，以确保沟通顺畅有效。

- **商业本质与人脉资源**

关键点：商业本质是资源杠杆效率，实际操作中依赖人脉资源杠杆。

解释：商业成功的核心在于有效利用资源，而人脉资源在实际操作中起到了关键的杠杆作用，通过人脉能够撬动更多资源。

- **项目运作与信息利用**

关键点：项目运作需结合前期资源与信息。

解释：在项目开始运作时，应将之前获取的资源与信息有效整合利用，以确保项目的顺利进行和成功落地。

- **人脉构建要点**

关键点：人脉基于人与事，需安全、靠谱、听话。

解释：构建人脉时，应围绕人与事展开，同时保持行为的安全、靠谱和听话，以建立稳固的关系。

- **相互需求与双向赋能**

关键点：成功人脉案例基于相互需求与双向赋能。

解释：无论是范蠡贩马的故事还是温州商人的案例，都展示了在相互需求和双向赋能的基础上，通过人脉实现了成功。

第五节　情感舵盘：求对人，办对事

在求人办事的商务聚餐中，既要遵守约定俗成的规矩，又要根据具体情况灵活应变。

饭后的独处时机是提出诉求的最佳时机，需充分利用。

无论对方是否答应请求，都应保持尊重和理解的态度，以维护良好的人际关系。

商务聚餐游戏

我们在求人办事的时候，请客吃饭，到底能不能在酒桌上提要求？

- 有人说，当然不行，这样会显得你过于功利，让对方吃饭时有压力。
- 有人说，为什么不能提呢？我请他吃饭本就是带着需求去的。

商务聚餐前的准备与商务聚餐中的规矩：

1.开餐前泡茶聊天，明确事务；酒桌上不聊正事，注重气氛

在开餐前，一般会有10~15分钟的泡茶时间，大家坐在一起聊聊最近生意怎么样，然后等到菜上齐，酒杯端起来了，大家就不能聊事儿了，也不能谈生意了。更多地聊什么呢？我们喝的是友情，聊的是气氛。

2.商务聚餐开始时对方迟到或带其他人，需灵活应对，避免直接提要求

案例一：约好晚上6点的商务聚餐，领导电话打过来表示会迟到15分钟左右，让大家先点菜不用等他，看着安排就行。这时就要满口答应："领导，没问题，我这就把菜安排起来。"领导到现场时带了两个人，而且也没做过多的介绍，然后就坐下开始用餐。

设想一个场景：敬完第一杯酒之后，领导就开诚布公地说："老付，你那个项目进展如何啊？"

领导主动提事儿了，接下来如何回应呢？

顺着话题说就可以了！

这时候我会端起酒杯，说："领导，您工作这么忙还惦记我的项目，我很感激。跟您汇报一下，项目进展得还算顺利。首先，您知道我前段时间在贵州忙一个项目，很久没回来了。这次回来，第一件事就想跟您聚聚。

"其次，您看今天我们喝的这个酒，是贵州当地的一款名酒，出自小厂，我在贵州期间每天都会喝点，味道非常好。今天特意带

回来让您品尝。

"我敬您一杯，如果您觉得还不错，我回去再给您带几箱过来。"

案例二：原本约好晚上6点吃饭，6点15分领导来电说再晚15分钟到。领导并未提及会带人来，进门时也只是简单介绍："这是张总，这是李总。"

这种情况下，你可能摸不准状况。为了稳妥起见，我们就不把话挑明了说。我们来想想如何提第二杯酒。

"领导，您是怎么来的？"

他回答："司机在楼下等着呢。"

我接着说："那好。领导，您觉得这酒味道如何？"

领导说："这酒确实不错。"

"太好了，领导。今天真是喝得高兴，我们也好久没见了。我今晚不打算回去了，准备在附近开个房间。等商务聚餐结束，您能让司机送我到宾馆吗？"

领导回答："没问题，你敞开喝，等商务聚餐结束我让司机送你过去。"

饭后独处

饭后独处的重要性：饭后独处是提出诉求的关键时机，避免在酒桌上直接提要求。

商务聚餐结束后，我们送走其他朋友，领导说："走吧，付，送你回宾馆。"等上车后，领导把衣服扣一解开，我发现其实他一点酒意都没有。领导又说："付啊，你那个项目我也听说了……"分析得井井有条，当时我都惊呆了，不得不说，他真不愧是领导。

所以，在求人办事时，不要以为不提出来对方就不知道。尤其是那些比你更有成就、身份更高、职位更高的人，他们的洞察力往往比你更强。在这种情况下，我们需要做的是多观察、多了解。仔细思考一下，如果你既懂规矩又能守规矩，领导通常还是愿意帮你的。

创造独处机会：如邀请领导去茶室喝茶，或散步聊天，争取单独交流的时间。

求人办事的商务聚餐中，最关键的环节是什么？在我看来，是饭后独处的时机。前期我们做了那么多铺垫，饭后独处正是提出诉求的最佳时机。

很多人认为，商务聚餐结束后大家都喝得差不多了，领导也想休息了，就让领导回去休息，或者约定第二天去办公室谈。这种做法是错误的。俗话说"打铁要趁热"，第二天领导酒醒后，在办公室正襟危坐，没有酒精的作用，等他恢复常态后，你再提出请求，他很可能会说："这事我得研究研究，考虑考虑。"

大概率他就不会痛快地答应帮你了，对吧？所以，当天晚上散局时，你一定要抓住机会。

时间控制：商务聚餐应在合理时间内结束，留出足够时间用于

独处交谈。

最好安排商务聚餐在晚上6点多开始，9点半之前结束，这样能留出足够时间谈正事。如果不小心拖到十一二点，就没时间谈正事了，对吧？

散席后，陪领导走出饭店，悄悄提议："旁边有个小茶室，想请您再喝杯茶，正好有件小事向您汇报。"

直接表达：在独处时，直接而礼貌地表达诉求，避免含糊其词。

如果领导说："不去了，有什么事直接说吧。"

那就直接说："我们边走边聊，散散步，消化一下。"这样做的目的是争取到谈正事的时间。虽然送领导回去的路上也可以说，但路上最多只有二十分钟，如果他直接拒绝或给出模糊答复，你就没时间进一步沟通了。

而且，考虑到你们都喝了酒，可能有代驾或司机，这时可能有其他人在场。第三者在场不便于把话说透，要记住，你求领导办的事越难，越需要突破常规解决，越要避免第三者在场。一定要创造单独相处的时间和空间。

应对拒绝：如对方拒绝，应大度表示理解，并询问是否有其他途径或建议。

如果这时领导坚决回绝你，该怎么办？我告诉你，没关系，要大度地表示理解。即使你内心不理解，也没办法，因为决定权在对方手中。比如领导说："这个事不行啊，办不了。"

追踪反馈：对于模棱两可的回答，保持耐心，不要急于求成，

可通过后续沟通继续跟进。

你就可以追问一句："如果方便的话，请领导再考虑一下有什么办法。"如果他还是坚持说没有办法，你可以大度地表示："那好吧，我理解领导有自己的难处。我不应该为了自己的事让领导为难。"然后顺着领导的话聊些其他话题，让领导回去休息。

这事并没有结束，虽然他拒绝了你，但你已经了解了他的底线，下次遇到小事还是可以去求助的。如果他连小事都不愿意帮忙，而且明明只需要他说一句话就能搞定，那你就要考虑这个人是否值得你继续投入和交往了。

确实有些人喜欢占便宜，但就是不办事。还有一种情况是，当你提出请求时，对方没有直接拒绝，也没有立即答应，而是给出一些模棱两可的回答，或者说办起来可能有些难度。这通常意味着这件事有希望。对方可能是为了稳重起见，或者想进一步观察你。

在这种情况下，你不要急于要求对方立即表态，要记住，在社交场景或求人办事时，心急是无法得到好结果的，过于轻易得到的承诺往往不可靠。

- 态度坚决地拒绝：理解并尊重对方的决定，不强求。
- 模棱两可地回答：视为有"戏"，但需耐心等待进一步表态。
- 判断对方价值：对于只享受不办事的人，需重新评估是否继续投入。

03

分层扬帆，人脉版图

第一节　航向正道：社交场三大红线

利用影响力不能变成利用权力

在当前复杂的商业环境中，对生意人而言，与相关系统建立互动与合作显得尤为重要。若目前业务中尚未与相关系统形成稳定的项目合作，应积极寻求机会，努力靠近，以期达成共赢。回顾过去，我们可能意识到，市场环境每年都在变化，因此，把握当下，积极寻求与相关系统的合作机遇，对未来的业务发展至关重要。

此外，随着行业竞争加剧，回款风险也随之增加，使得生意人在追求利润的同时面临更大挑战。然而，与相关系统的合作有两个显著优势：

- 项目利润相对有保障
- 回款的安全性更高

因此，我建议看到本节标题后，应尽快向这方面靠拢。对于已经开始与相关系统进行项目合作、有一定交互的生意人来说，需要特别注意的是，利用影响力绝不能变成利用权力，这是许多企业主失败的关键。接下来，我将讲述如果职工将利用影响力变成利用权力，会面临什么样的后果。

之所以这样讲解，是因为需要考虑到如果他们利用自身优势去施展影响力，他们会如何行事。而作为圈外的商人，更不应该采取类似的做法。这是否合理，值得深思。这也是我亲身经历的一件事。

那年，我在深圳的一个集团工作。年轻时，我比现在更加机敏、聪明、反应快，很受领导赏识。不久，我就与副总建立了良好关系，并得到了他的支持。领导自然喜欢反应迅速的下属，他经常带我参加各种聚餐，我感到自己似乎得到了强有力的支持。

在各个部门办事时，我确实得到了他们的尊重，他们知道我与副总关系良好，因此不会冒犯我。但我也很讲义气，与同事的关系处理得很好。有一天，办公室的一位年轻同事来找我，说："这件事可能只有您能解决了，因为那个部门怕您。"

我问是什么事。他解释说，他原本有年假，提前安排在这个时间回家，结果财务部门不认为这是年假，不给他报销回家的费用。我认为这不公平，如果发生在我身上，他们敢这样做吗？我答应帮他解决，立刻带着一股义气，直接前往财务室。

在处理这件事时，我询问是否可以报销，对方回答说不行，因为财务部门有其规章制度。众所周知，财务部门往往是公司老板的心腹之地，但即便如此，我与财务部门的关系也不差。我有高层的支持，有副总的帮助。但最终，尽管我尝试了各种方法，对方仍然拒绝报销。这时，我开始使用底牌，提出与对方一同去找老总。财务部门见状，考虑到金额不大，最终同意了报销。

这件事可能看似我赢了，但一个月后，公司的高层找我谈话，劝我离职。我并不担心，因为我有能力，所以去了深圳，那里机会众多，我很快就找到了一份待遇相当的工作。上班后，我做的第一件事就是邀请我以前的副总一起吃饭。

饭桌上，几杯酒下肚后，我对副总说："我觉得你不够意思。你曾说我是你的兄弟，我也视你为大哥。但在公司高层劝我离职时，你没有为我说过一句话。"副总沉思约一分钟，然后抬头对我说："东旭，我今天来，是因为我仍然把你当兄弟。但你想想，虽然我是副总，但在这个项目中，我实际上是执行人。你把我们的关系弄得尽人皆知。当大领导来找你谈话时，他确实询问了我的意见。但你我的关系已经公开化，我如何为你说话？"

他接着说："你认为这次大领导知道你的消息是我泄露的吗？你想想，你平时帮助别人，能获得几个真正的朋友？你很讲义气，但你那种张扬的态度，是否让一些人看不顺眼？正是这些人把你的情况上报了。所以即使我想保护你，我该如何保护？"

临走时，副总留下一句话："东旭，其实这家公司也不错，待遇也差不多。但我真心想送给你一句话：无论你在哪里，如果你与领导关系好，请在私下里保持良好关系；如果你与同事关系好，请在明面上表现出来。"各位读者，读到这里，你们是否已经有所领悟？

当时我属于相关系统的一员，还签订了合同，相当于是其直属部门。同样，我在借助体制力量时，也必须避免变成倚仗体制的力量，因为我同样承受不住外界的风波。

时时刻刻摆正位置

我曾在企业度过了四年时光。那时我还很年轻，只有20多岁。在我们那个时代，通信技术并不发达，不要说互联网，连移动电话都尚未普及，当时使用的是BB机。在那个通信技术不发达的年代，也会出现一些独特的问题，但解决问题的方法还是共通的。

当时我有一个直属领导。有一天，他让我去总公司帮他取一份文件。做过文字工作的人都知道，有些文件是分级别的，有的是绝密或秘密，必须亲自去取。

与现在不同，现在有了电子邮件和传真等便利的通信方式，但一些机密文件仍然需要亲自去取。直属领导让我去总公司的总裁办公室帮他取一份有级别的文件。我满口答应，能够处理公差也是让人倍感荣幸的事。公差应该怎么处理呢？我们公司有一辆桑塔纳轿车，在当时已经算是不错的交通工具了。

我计划乘坐公司的公车前往总公司。然而，当我到达楼下时，公司的高层领导恰好迎面走来。我的直属领导是副经理，而遇到的高层领导是总经理。总经理向我打招呼，询问我的去向。我回答说正准备去总公司。他问及目的，我回答是直属领导派我去总裁办公室取一份文件。总经理随即表示，既然如此，在我完成直属领导交代的任务之后，顺便到二楼人事部也帮他取一份文件，并将此送至他的办公室。

面对这样的情况，拒绝显然是不合适的。我答应了下来，并顺利完成了乘车往返的过程，这里不再赘述。回来后，我将直属领导的文件送到他的办公室，随后也将总经理的文件送至其办公室，该文件是一份未密封的文件。大约七天后，不知是谁泄露了这个消息，传到了我的直属领导耳中。

得知此事后，直属领导找我谈话。他的脸色异于平常，让我去他的办公室，说有事要谈，这让我有些不安。我还是带上了笔记本，按要求前往。坐下后，我表示愿意接受领导的工作指示。

领导让我先合上笔记本，然后询问我是否记得上周帮他去总公司总裁办公室取文件的事。我回答记得，并问是否有文件拿错。领导指出文件没有拿错，但接着问我那天还做了什么。我回答说没做其他事。这时，领导开始间接地帮我回忆，问我是否去了二楼。我承认确实去了二楼，因为在楼下遇到高层领导时，他让我去二楼人事部帮他取一件东西。我的直属领导立刻表现出兴趣，询问我取了什么。我回答说取的是文件，如我之前所说，文件是未封口的。

我坦白地说："我取的东西放在档案袋里，具体内容我没看，也不知情。"我的直属领导当时的表情让我至今难忘，他似乎想笑却没笑出来，这种表情让我感到非常难受。我亲自去二楼取了东西，将它放在高层领导的办公桌上，却说不知道是什么，还装在档案袋里。

领导说不用再解释，他明白了，让我去忙。我之所以停顿几秒，是因为我通常很灵活，每三天汇报一次工作，每五天进行一次总结。我懂得一些规矩，与领导保持了很好的工作汇报和沟通节奏。但自那天起，我能进入直属领导办公室的次数变得很少。每次我询问领导是否有时间听我汇报工作，他总是让我先忙自己的，如果有事他会找我。五天后再次尝试，他要么正在开会，要么告诉我不要主动去他的办公室，有事他会叫我。

这种情况是否已经变味？是否因为我没有摆正自己的位置？一边靠近直属领导，一边还给高层领导办事，这是职场最大的忌讳，遇到这种情况应该怎么处理？实际上，刚离开公司那几年，我对这个问题一直百思不得其解。每当想到这件事，我就觉得自己没有犯什么错，不明白为什么直属领导会疏远我。

然而，在我27岁之后，我遇到了几位对我颇有帮助的人，其中一位是工作老练的领导。有一次在饭桌上，我向他倾诉了我年轻时的苦闷经历。我的这位老大哥听后笑了，说事情已经过去，不必再问如何解决。我回答说，无论是在商业领域还是相关系统，我都能接受失败。如果我被边缘化，我也能接受。但关键是，我不了解问题的根源以及如何解决它。他表示，如果我愿意听，他愿意告诉我解决办法。

他让我设想，如果时光可以倒流，当你在楼下遇到大领导，他让你顺便去二楼帮他取个东西，**你必须答应，因为他的地位比你**

高。你应该这样回答："领导，我的直属领导已经安排了我其他任务，我不确定他是否还有其他安排。请允许我先汇报一下，如果有时间，我一定帮您取。"

在给出一个含糊的理由后，你应立即回到楼上向直属领导汇报实际情况。大领导让你去二楼取文件，是否去取完全取决于直属领导的决定。这看似小事，但无论大小事务，都不应脱离直属领导的视线。原因在于，无论是相关系统的领导还是企业的老板，他们都需要掌控权。

因此，无论在相关系统工作，还是在体制外做生意，都必须时刻摆正自己的位置。

为加深印象，我们来思考一个案例。有一位30多岁、性格直率的朋友，我们将从她的视角来讲解这个案例，介绍一个完整的商业链路。

上个月，她协助工会主席完成了一个项目，项目结束后，她进入工会主席办公室汇报工作。

"领导，您有时间吗？我来汇报工作。"

汇报进行时，由于办公大楼隔音效果不佳，一位相关领导听到动静走了过来。该领导询问这个成功的项目是不是这位女士负责的。她骄傲地承认，并受到了表扬。

尽管项目已结束，对面领导还是表达了举办类似活动的意愿，询问她是否有兴趣参与。她展现了商业敏锐度，提议先加微信，待汇报结束后详谈。领导同意并请求提供一些活动数据。她答应在汇报材料中提供这些信息。

汇报结束后，她去了隔壁领导的办公室。后来，她向我描述了情况。工会主席在对方离开后脸色变得难看，匆忙结束了会议。

这表明在相关系统中处理人际关系时，需注意各种微妙的关系和潜在禁忌，以避免不必要的误解或冲突。

她来咨询我，她表示："这个场景本身并无问题，问题出在哪里呢？"她详细地向我描述了这个场景，我立刻明白了问题所在。实际上，这并非什么深奥的道理。您去工会主席办公室本应汇报工作，却在那里谈起生意，讨论商业事宜，没有摆正自己的位置。简言之，你缺乏**情商**。

在相关系统办公楼里，办公室紧邻，你不能因为邻近部门对你的生意感兴趣就认为机会来了，立即加微信，从一个办公室转到另一个办公室。这就像黑熊掰玉米，掰一个丢一个。你做了隔壁领导的项目，难道不想维护与工会主席的关系吗？更重要的是，你应将成绩归功于工会主席。

如果做得好，应该告诉领导："整个项目的真正总设计师是我们的工会主席，我只是负责跑腿和出力。如果您想了解详情，不如直接向工会主席请教。"

再想想，这是不是思维方式的问题？位置都摆不正，还谈什么整合资源、关键系统汇报？不同层级有不同的语言。

您可能会想，大多数人会说："业务都送到嘴边了。"那如何接手这个生意呢？

首先，将所有功劳归功于工会主席。其次，对其他领导说，如果想了解整个策划落地方案，请找工会主席。您只是出力的人，这样不就进入了场景吗？

当有关领导拜访工会主席时，考虑到工会主席并非从事商业活动，整个项目实际由你策划，领导可能不会详细夸耀自己的贡献，这时，你就有机会展现价值了。

你可以这样回应领导："今天我要向工会主席汇报的内容很多，估计要拖到下班后了。这样吧，我给您一个电话号码，您可以联系我们的项目承接方小王。就说是我介绍的，他会详细为您讲解。"这样你的生意不就能顺利进行了吗？

看似"合理合规"

接下来，我们讨论第三个禁忌，这个禁忌极为重要。表面上看似"合理合规"，许多人可能不理解这四个字的深层含义。为什么呢？因为很多人习惯性地认为，由于我们的关系已经建立且非常牢固，尤其是当你是我的亲戚，比如姑家的表哥或舅家的孩子，你会认为这笔生意不给你还能给谁？但这是一个完全错误的想法。简言之，就是过度自信彼此之间的关系。

许多人对我说，现在亲戚之间不再互相帮助，人情变得淡薄，甚至有些人因此吃过大亏，残酷的现实让他们付出了巨大的代价。但本质上是我们自身没有建立正确的观点。

为什么会这样呢？因为我们在建立人脉时，**本质上是一种投资行为**。尽管我并不主张你通过请客吃饭来建立关系，但这并不意味着在你的小县城或小城市就没有这样的风气。如果存在这样的风气，那我们确实需要顺应潮流。

我们设想一个这样的情景：假设我与相关系统的一位领导已经建立了三到五年的互动关系。此时，我得知他的部门发布了一个新项目。在与他沟通时，我可能会这样说："尊敬的领导，鉴于我们多年的良好关系，我相信您了解我是个值得信赖的人，并且我非常注重保密。在过去几年的合作中，您也了解了我的为人。现在，这个项目已经发布，我愿意按照行业规则办事。请您考虑将这个项目交给我。"

这是一个可能的沟通场景，但在此不讨论其结果。

接下来，让我们考虑第二个场景：我得知项目已经发布，便对领导说："近年来，我一直专注于数字化农村项目的研究和实践，并取得了显著成果。我注意到，当前政策方向鼓励我们这个行业的发展，特别是在南方一些城市，它们的做法已经成为行业的推广模式。我有一位朋友在那边做得很出色，上个月我特意去他的公司学习了半个月。我将他所做的一些典型工程或项目完整地引进了过来，并制定了一个项目整体计划书。我认为，如果我们的小县城能够实施这样的项目，它将让我们耳目一新，甚至可能成为我们城市乃至整个省份的标杆。"

在这两种场景中，毫无疑问，第二种方法更为恰当，更有可能成功。第一种方法中提到了利益分配和交情，而第二种方法虽然只是简单提及了交情，但更多地强调了如何将商业场景转化为相关系统的工作场景。

我一直强调，在从事商业活动或项目时，我们的目标应该是明确的：成功获取项目，而不是将个人情感掺杂其中。期望与一个没有血缘关系的人在三到五年内建立深厚的友谊，这是一种不切实际的一厢情愿的想法。更重要的是，你在进行这项工作时，应该考虑它对对方有何益处。你可能会说，你对于利益的理解非常深刻，比如通过分享利润来吸引对方。当然，如果行业规范或特定场景允许，我们也可以这样做。

领导会从哪些角度来看待问题呢？

- 他是为了钱而把项目给你的吗？
- 他就没有其他的供应商或合作伙伴了吗？
- 甚至人家能给得更多，你怎么跟他竞争呢？
- 你的实力在哪儿？
- 你的不可替换价值在哪儿？

......

当你将商业场景转换为相关系统的工作场景时，请思考，如果项目成功，它是否能成为他的业绩，甚至成为他的标杆，从而获得上级领导的认可和赞赏，成为他晋升的阶梯和政绩？在这种情况下，他是否真的仅仅基于利益分配来决定将项目交给谁？

我想分享一个真实案例，这是我一位老朋友的经历。他较晚接触到一个资源，当他去汇报工作时，实际上无须太多提示，因为领导知道他的来意。他刚进办公室，领导就意识到了他的真实意图。寒暄还未超过三句，领导就开始用官方语言回应。

领导拿起大茶杯，说道："小李，虽然我们接触不久，但我对你很认可。如果你早些让我知道你从事这行，这个项目本该是你的。不过，可惜的是，上个月我们通过集中采购选定了供应商，内部会议上大家一致同意了这个决定。那个供应商你也认识，就是我们市的××公司。我们与他们签了一年的合同，这是上个月刚发生的事。如果你早来四十天，这项目就是你的了，只是你来晚了，如果早点告诉我，这事肯定没问题。但合同已签，你看，他是七月签的，如果你在五月，也就是四五月就来找我，我们本可以建立良好的合作关系。"听了这些，你心里是否感到激动？"好的，领导，谢谢您的认可。"

然后，你离开大厦，立刻明白了，明白什么？明年五六月再来找他，现在是八月，从现在到明年，你是否应该进入另一个阶段，叫作维护关系？是否应该开始投资？是否应该开始维护关系？在各个节日里我们是否应该加强互动？这不仅是简单地发个问候信息，而是要在精神层面上进行更深层次的交流。

是否需要在物质层面进行一定的投入？你可能会下定决心，毕竟作为商人，在人脉上投资不会吃亏。因为一旦项目成功，回报可能是数倍增长。是的，你是个明智的商人。现在，我们继续思考。

领导不止与你一人互动，不止你一个商人寻求项目。显然，可能有多位商人，比如很多老总也在寻求合作，他们同样会从领导那里听到明年四五月再来寻求帮助的承诺。

暂且不论明年集中采购会有多少人参加，即使只有你和张、王、李三位老总，但最终可能只有一位成功，其他三位则未能如愿。你如何保证自己一定会成功？你可能会说，你擅长与人互动，能够维护关系，但你怎能如此自信？你送烟，难道其他老板就送不起吗？你送茅台，难道其他老板就不会成箱地送吗？

当前行业竞争激烈，主要源于同行之间的竞争，人脉投资成本上升，而为了获得合作，价格又被压低，导致利润微薄，甚至需要用放大镜才能看清。

我们应该采取什么措施？经过长时间讨论，我已尽力向你解释了如何将商业场景合理转化为工作场景。现在，我需要向你介绍一种方法论。

系统的运作是透明的，一旦你了解了他所属的部门，可以访问政府网站。你可能会问，访问政府网站的目的是什么？让我告诉你一个专业术语——**政务公开**。政府部门的所有工作计划和内容都会在政府网站上公布。你可以查看第一季度、第二季度、第三季度、第四季度以及明年的工作计划，还有前三个季度的工作完成情况和最后一个季度的工作安排。在了解这些信息后，我将向你提供一个有效策略，指导你在对方已有固定合作伙伴的情况下，应该开展什么样的特定活动。

这个活动被称为公益活动。

相关系统单位进行项目宣传时，通常经费有限。你可以将商业场景转化为工作场景，与领导沟通，提出一个计划。虽然计划在明年实施，但更重要的是，你希望举办一场公益活动，因为目前我们城市的各个部门和机构并未完全覆盖这样的资源场景。通过帮助他们完成工作，以公益活动的形式参与其中，你将有机会介入。当然，一旦公益活动成功举办，这件事就有了成功的可能，因为你已经用敲门砖敲响了大门。

你可能会疑惑，对于参与的公益活动，完全不得要领，难以理解其意义。在组织公益活动时，请注意以下几个关键点。

首先，你应始终作为协办方参与公益活动，而非主办方。即便你提供了资金支持，也不宜在活动中显著标注为主办方。

其次，尽可能邀请领导出席活动现场。这可能存在难度，因为相关系统的领导可能不会出席，甚至与你在咖啡店的会面都可能被视为违规。因此，应为领导安排一个合适的角色，如致辞、讲话或参与其中一个活动环节，确保其出席对完成这一角色至关重要。这可以激发你对活动意义的深刻理解。

公益活动结束后，不应认为仅仅是完成一项工作汇报。在互联网时代，你的活动应全程录像，如果公司没有专业的录像团队，应寻找外部专业团队进行录制，录制后的视频应剪辑成1.5～2分钟的长度，其中不应包含你作为公司老板的场景，也不应出现公司的标志，视频中应主要展示活动现场的热烈氛围、参与者的热情以及领导的讲话场景。

此外，你需要找到了解正规网站上传视频格式的专业人士，参考网站上其他部门上传的视频格式，确保你的视频格式与之一致，无论是横屏还是竖屏，包括视频尺寸。然后，按照网站的格式要求，剪辑出一个15～20秒的短视频。向领导递交时，请告知这是一个15秒的纪念视频，无须向领导说明其用途。因为领导自然明白其价值。该视频已经刻录成光盘，或者存储在U盘中，也可以通过电子邮件发送原文件。这样做的目的是，领导可能希望将此视频作为其工作成绩、业绩或政绩，上传至公司网站，以便让同级别的部门领导以及上级领导看到。如果这一目标得以实现，明年的业务很可能就是你的。

你可能会想，真有策略！事实上，这并非策略，而是在思维层面上的清晰认识。真正理解如何接手业务，至少可以在人脉经营上的投资节省大量开支，同时还能节省你参与各种商务聚餐和场所的时间和精力。

我们来回顾并注意三个禁忌：

第一，我们不能利用与领导的关系来仗势欺人；

第二，我们必须学会用领导的语言汇报工作，始终摆正自己的位置；

第三，即使与领导有多年的交往，也不能仅凭关系行事，而应确保所有商业场景看起来都是合理合规的。

第二节　扬帆求助：
商务聚餐与独处时机的智慧运用

饮食文化，自古以来便是社会体系中极为重要的一个方面，饮食文化不仅在于果腹，也是人脉经营中的奠基石。

如何在商务聚餐上与人脉有效互动，从而促进潜在的合作机会。这个话题虽然广为人知，但在实际操作中却常常面临效果不佳的挑战。许多参与者虽频繁出席商务聚餐，却未能实现预期目标，甚至影响了健康。本节讨论旨在从根本上解决这一问题——通过拓宽思维视角，掌握高效的人脉互动策略。我们将从商务聚餐前、商务聚餐中、商务聚餐后三个方面进行阐述。

商务聚餐前准备

在深入讨论之前，有必要强调商务聚餐前的准备工作。当受邀参加有重要人物（包括项目负责人）出席的商务聚餐时，充分准备尤为重要。这不仅包括对参与者背景的基本了解，还需针对每位关键人物的特点及其近期工作动态进行深入研究。通过公开渠道收集信息，目的是找到与对方工作密切相关的切入点，为后续交流奠定坚实基础。商务聚餐前的充分准备，是确保互动质量、提高合作可能性的关键一步。

现在我们设想一个场景：今天参加商务聚餐的有一位相关系统的领导，而且他的下一个项目即将启动。我们应该如何应对呢？

了解背景，搜集信息。 若得知今日商务聚餐中有相关系统领导出席，且该领导即将启动新项目，我们应充分利用公开网站等资源，详细调查其当前工作内容及未来规划。尤为重要的是，需要探索如何将自身业务领域与领导的工作场景有机结合，实现从"商业场景"到"工作场景"的自然过渡。

在这一过程中，关键在于收集充足信息，以便在交流时能够精准定位。这不仅有助于在自我介绍时突出相关性，更能在后续对话中找到恰当的切入点，确保沟通顺畅且富有成效。简言之，充分的准备旨在优化我们的交流策略，确保与人脉的互动既专业又高效。

明确目的，建立链路。 当你完成了基本的准备工作，认为已经准备得足够充分时，请再仔细考虑一下：我们参加这个商务聚餐的真正目的是什么？切记，不要将商务聚餐视为一次简单的平面社交活动。我们应明确三个点：

- **认知差**
- **信息差**
- **资源差**

在商务聚餐中，我们的首要目标是弥补自身在认知、信息和资源方面的不足。其次，我们应努力在众多参与者中脱颖而出，与特定人士进行深入交流，激发他们对你的兴趣，并引导他们讨论一些敏感话题。这样，商务聚餐结束后，我们就能够进一步跟进工作，开展一系列后续行动。这是一个可以持续发展的过程，而非仅仅为了饮酒社交，以致最终错失更多发展机会。

商务聚餐中互动

在商务聚餐中，有两个关键点需要注意。首先，商务聚餐开始时，最重要的步骤是什么？许多人可能认为是敬酒或喝酒，但实际上都不正确。正确的做法应该是进行**自我介绍**。

设想这样一个场景：今天的商务聚餐已经开始，而你只是作为参与者出席，并非组织者。假设在场还有相关系统的领导。当大家开始自我介绍时，请注意，所有参与者都是商人。他们会依次介绍自己从事的行业，如工程、新媒体、广告或科技公司等。在这种情况下，你应该以最简洁的方式介绍自己。如果组织者对所有人都很熟悉，并已经按照这种方式完成了介绍，你应该记住，此时不要插话，因为这是不礼貌的。正如我之前多次强调的，你今天来此并非为了学习礼仪，而是作为一位商人。

你的目的不是展示礼貌，而是为了获取项目机会。当组织者介绍你时，比如说："这位是付总，他经营了几家公司，涉足多个行业，实力雄厚，是一位有影响力的大老板。"你可能会认为组织者把你捧得很高，介绍得很清楚。但实际上，在相关系统领导的耳中，他可能什么也没听进去，或者什么也没听明白。为什么会这样？因为每个人都这样介绍自己，你如何能够脱颖而出？在这个关键时刻，你必须让自己与众不同。要做到这一点，方法其实很简单：你应该谈论与自己工作场景相关的内容，而不是局限于商务聚餐场景。

如果你不太明白，或者觉得这些话有些生硬，我可以通过一个比喻或场景来进一步说明。

在商务聚餐中自我介绍时，人们通常会简单地说："我是做这个的，我是做那个的。"现在，假设组织者介绍完我后，我站起来说："组织者实际上过誉了，但他的介绍很全面。最近几个月我们都没有一起喝酒了。今天，我想借此机会与组织者好好交流。同时，我也想向组织者汇报，过去半年里，我一直致力于数字化新农村的项目。此外，我和几个合作伙伴在其他省份和县市也开展了类似项目，并取得了显著成果。这段时间，我忙于在其他城市运作和落地项目，未能及时回来当面汇报工作。稍后，我会敬一杯酒表示歉意，请大哥多多包涵。"

你可能认为这样做不礼貌或多余。但请你考虑一下，数字化新农村的准备工作是你参加商务聚餐前的功课。你发现领导的下一个重点项目正是数字化新农村。当你在自我介绍时提到这点，其他人的介绍在他听来可能都不太重要，而你的这句话会立即引起他的注意。即便他当时记不住你的面孔，也一定会记得有人提到从事数字化新农村工作。

这是否让你想起类似经历？比如，如果你是文案工作者，在一桌十几人的聚会上，听到有人说自己从事文案相关工作，你是否会在敬酒时从这个话题开始交谈？你可能会说："刚才听您介绍是做文案的，我也是。"然后大家互相认识，一起喝一杯，深入交流工作经验，这是职场人士常见的做法。反观有些企业老板，在自我介绍时只是简单地说自己"做工程"，这样的表达方式显然错失了很多社交机会。

许多人不擅长自我介绍。有些人组织聚会时花费大量金钱和精力，从经济角度看，这无异于浪费家财；从精力角度看，这浪费了本应用于自身业务的宝贵时间。正确的做法应该是，在一次饮酒聚会中，结识一个有效的人脉，一个能在业务上互相帮助的人。在聚会上，通过对话完成这一过程，确保对方认为你们能聊得来。这里的"聊得来"不是指闲聊爱好、家常或攀谈乡情，而是指讨论他感兴趣的、能引起他注意的话题，尤其是与他的工作场景相关的内容。这样的自我介绍应该能在他心中迅速留下深刻印象。

现在，关于自我介绍的部分是否已经理解清楚？如果你已经理解，我们可以继续探讨下一个话题。

讨论什么内容？

第一，"我这个人不擅长言辞，不知道应该讨论什么。"相信这是很多人的常用句。而现在，我给出的答案很简单，**你并不是真**

的不知道讨论什么，而是不清楚应该选择什么话题。更多的时候，你应该观察主办方或主要宾客讨论的话题，并顺着这个话题展开你的讨论，增加信息量。在这种场合中，首先要注意的是，组织聚会的人通常是引导者，即所谓的"引路人"。在商务聚餐上，我们应展示与组织者的良好关系。其次，坐在副主宾位置上的并不一定是应该重点关注的方向。我们的目标有两个：

第一，提升自我在认知、信息和资源方面的差异。

第二，明确想要结交的对象，并获取项目。

我们做了充分的准备，包括为领导量身定制的自我介绍。此时，你可能会发现关键人物并不一定坐在副主宾的位置。因此，我一直强调，作为商人，你不必完全依照理论教师的教导，但一定要向有实战经验和成果的人学习。

在商务聚餐中更重要的是，作为企业主，我们要以目标为导向，以获取业务为目的。我们应该讨论什么话题？相信大家现在已经明白，应该根据重要人物关注的话题展开讨论。接话并不难，即使实在不知如何应对，你也可以给予赞扬，比如说：

"您说得很好。"

"我怎么就没想到呢。"

……

按照这个节奏，你一定会成为受欢迎的人。你也可以适度自嘲，这样也能成为一个聊天高手，你现在明白了吗？

事实上，经常有人问我这样一个问题：我不会喝酒，尤其是在我们这样的小地方，如果不喝酒，在商务聚餐上似乎就无法开口说话。因为大家都是通过喝酒来互动和建立人脉的，刚认识的人更是必须喝。

你该怎么办呢？很多人都这样问我。首先，让我们来讨论第一个场景。

客观情况

在第一个场景中，我必须说明，我并非假装，我的父母都不饮酒，追溯到上几代人也都不饮酒。我们家族在生理上就不适合饮酒，一旦饮酒，就必须接受静脉注射治疗。如果在这种情况下，我真诚地建议你，既然你有这种体质，在所有社交场合，所有认识你的人以及他们相互认识的人，甚至在你的亲属圈子中，你应该坚决不饮酒。

你不应该因为今天心情愉悦或情绪高涨，或者因为遇到了特别想认识的领导，就破例饮酒，哪怕只是一小杯啤酒。你千万不要破例，因为一旦破例，就会有人提醒你"您那天和赵主任在一起时不是也喝了吗？"所以，请记住，在所有场合，你都不能饮酒，因为你没有饮酒的习惯。但你是做生意的，需要组织聚会，那该怎么办呢？

主观情况

这一招我经常使用，包括许多名人也在使用。以我为例，我已经戒酒多年了，身体状况一直很好，我觉得可以把更多精力投入更有意义的事情上，让思维更加清晰。我不饮酒，但在组织聚会时，尤其是在酒文化盛行的地方，大家期望宾主尽欢，饮酒助兴，以烘托聚会气氛。

如何解决这个问题呢？你可以带一个能喝酒的人，或者你的团队中有能喝酒的人，问题不就解决了吗？你不能影响气氛，不能坐在那儿说"你们随便喝，反正我是不沾酒的"，大家都知道你滴酒不沾。你组织聚会，是希望让大家尽情欢乐，而不是来扫兴的，我相信你已经明白了这一点。关于不饮酒的话题，我们就讨论到这里。

接下来，我将向你说明饮酒者应注意的事项。首先，对于那些自认为酒量不错，并认为自己在酒桌上能够左右逢源的人，我想先问你几个问题。比如，在敬酒环节，尤其是面对坐在副主宾位置的重要领导时，你是如何表达的？你是否说过："见到您我很荣幸，领导，我先干为敬，你随意。"我相信你可能说过这样的话。甚至在酒过三巡，气氛热烈时，你可能从小杯换到大杯，开始表达对领导的忠诚。

你是否曾用四两的大杯一饮而尽，以示敬意？我相信许多饮酒者都有过这样的经历，包括我年轻时也曾如此。

然而，从思维的角度来看，你这样的饮酒方式是否抢占了在场所有人的风头？是否至少抢占了组织者的风头？组织者是这样饮酒的吗？显然不是。这是第一个问题。第二个问题是，当你带头这样饮酒时，是否给其他参加商务聚餐的人带来了压力？毕竟，不是每个人的酒量都像你一样大。

因此，无论你是饮酒者还是不饮酒者，在参加商务聚餐时都需要注意这些细节，以确保既能保持良好的社交氛围，又能维护自己的形象和关系。

特殊情况

既然我们已经讨论了能喝酒和不能喝酒的情况，现在我再为你提供一个场景。无论你是否能喝酒，在某些情况下，尤其是领导可能会为难那些酒量不大，甚至根本不会喝酒的人，这是为什么？你可能会问，领导都是坏人吗？我告诉你，这个场景我相信许多生意人，特别是在北方城市，一定会遇到。那就是当大家喝得高兴时，领导也会决定将一个项目交给你。

在这种情况下，领导已经知道你的酒量有限，或者已经看到你因为饮酒而面红耳赤，或者知道你根本不饮酒，甚至在今天的场合中，你还特意请了一位祝酒嘉宾来帮助你挡酒。为了保持气氛，领导此时发话，要求服务员拿来最大的酒杯，那个能装四两酒的杯子，领导亲自将白酒倒入杯中，然后满满一杯放在桌上。

领导随后说："今天我喝得也不少，我就说一句话。你看能不能给大哥这个面子。"你立刻询问："大哥有什么事？"领导接着说："这样吧，如果你把这杯酒干了，明天就可以到我办公室签合同。"在这个时候，你可能会向我求助，希望得到一个巧妙的对策。其实领导倒这杯白酒的真正意图，并不是真的要你喝酒。

领导为什么要帮你？

"安全、靠谱、听话。"

我在这样的场合中，会毫不犹豫地站起来，对领导说："领导，我喝完这杯可能会失态，但你所指的方向，就是我奋斗和前进的目标。我干了。"即使喝完后我倒下，领导也会立刻认可我的态度，你明白了吗？

因此，在商务聚餐中，无论你是否饮酒，酒量大小，或者面对四两重的酒杯，让你一饮而尽，更多的是关乎思维层面的事情。

商务聚餐后的跟进

在商务聚餐后，为了实现人脉积累的最大化，很多人会添加联系方式，但却不清楚该如何做、什么时候做、怎么做。关于如何添加联系方式，其实非常简单。

首先，你不应该在敬酒时四处走动，拿出手机扫描二维码。你有没有想过，组织聚会的主办方会怎么想？实际上，如果你真的想添加一位领导的联系方式，可以采取更恰当的方式。

让我给你描述一个场景：你可以对主办方说："赵总，我是否方便添加刘总的微信？"主办方会拒绝吗？如果拒绝，那他就太不理智了。他花钱组织聚会，是为了让大家相互认识，以后能够更加亲近，我们都是同一个圈子的人，应该互相帮助。这是聚会的主要目的。如果你问了，主办方的回答肯定是可以，并且会鼓励你们相互添加联系方式，但是如果你不问，主办方心里可能会有些小疙瘩。现在，你还认为添加联系方式是一件难事吗？并不难。

关于添加微信后如何发送消息，许多人的做法是，在商务聚餐结束后，各自乘车或找代驾回家。大约四十分钟后，估计领导已经到家，便发送消息询问"领导你到了吗？"然而，领导是否到达与你并无直接关系，你应该使用一种更为标准的模板来发送消息。如果是熟悉的领导，你可以直接打电话问候。对于不太熟悉的领导，在添加微信后如何发送信息，这是首次或第二次联系时需要注意的。

第一步：你需要自我介绍，即使你在添加微信时已经备注了自己的姓名，也不能单方面期望领导一定记得你。不要过于自信或自恋地认为领导一定会记得你。在发送消息时，首先要明确告知"我是小付"，即在今天的商务聚餐上提到正在进行数字化新农村项目的人。这样可以帮助领导回忆起你的身份。

第二步：是情绪价值的传递。情绪价值主要体现在两个方面：一是找到并表现出谦逊的位置；二是传递情绪价值。比如说，在酒桌上，你可以表达哪些话语或观点对你产生了深刻的触动，使你感到自己四年的大学学习都显得苍白无力。这样的表达，对方是否愿意倾听？答案是肯定的。

第三步：表达你能为对方提供什么帮助，但这种表达是反向的。如果你在自我介绍时提到，你在其他省市从事数字化新农村项目，并且刚刚忙完回来。你可以这样传递信息：尊敬的领导，我一直在××省××市与朋友共同推进数字化新农村项目。但自从回到家乡，包括今天与您会面和交谈后，我发现自己在政策解读方面还有很大的不足。真诚希望能有机会得到您的指导，以提升我的理解和认识。

你的自我介绍本身与他的工作场景相关，且在传递信息时，再次提醒他，你从事的是数字化新农村项目。当你下个月的项目与数字化新农村相关时，你已经第二次将自己的商业场景融入他的工作场景中了。你明白了吗？关于如何传递信息的部分就讨论到这里。

当你的思维链路被打通后，你会发现不仅仅是约见面，许多事情对你来说都会变得轻而易举。当你把思维链路打通，并且通过训练变得非常熟悉，甚至在处理人脉时能够信手拈来，张口就能接上话，我告诉你，它就会成为你的生活方式。当它成为生活方式时，你也会得到像老付这样的评价——这个人在处理人脉和社交方面是有天赋的。

这就是天赋。请不要认为天赋是与生俱来的。你出生时并没有带来任何东西。实际上，我们需要拥有这种能力，这种能力并不是大学教给我们的，也不是书本上能学到的。更多的是通过模仿，形成了你今天做生意时所依赖的一些人情世故。

然而，在你完成了学习之后，你将立刻明白，这是对你思维链路的一次突破。当你掌握了思维链路，它便成了一种能力。如何将其转化为天赋呢？方法很简单：将其融入你的生活方式，这样它就会成为你的天赋。

在此，我再向大家提出一个问题，这个问题并非作业，而是一个思考题目。不论你过去组织或参与聚会投入了多少资金，以及在这些活动中耗费了多少精力和时间，请你从思维链路的角度和人脉的视角，仔细思考一下，我们未来应该如何参与聚会，以及如何组织聚会。你不应在别人眼中成为一个挥霍无度的"败家子"，也不应成为一个只知享受不知付出的"大冤种"。作为生意人，我们的目标是盈利，对吗？

第三节　礼尚往来：
节日问候与人脉情感的维护

节日问候的人脉情怀

在节日时，我们至少会发个短信或微信问候，对吧？但你是怎么发的呢？比如**"我送你四千万，千万要注意身体，千万要保重，千万要笑口常开，千万要活得精彩"**。你觉得这样俗不俗？你发过去为什么人家不回？因为这些都是网络上的俗套话。你收到一个动图或一些信息就觉得很好，但你知道吗，你的人脉可能已经收到了无数个这样的信息。所以，当你发节日问候时，你需要脱颖而出，与众不同。

我们应当打开自己的思维链路，根据自己的标签和习惯，创造出属于自己的独特话语。在这里，我送给你四个原则，这四个原则不仅适用于问候，也适用于你与人脉进行语言互动和沟通的始终。

- **你一定要说对方想听的**

- 对方听得进去的

- 自己想说的

- 自己该说的

其次还有一个方面非常重要，**就是所有的顺序都不能变**，让你的问候会说话，让你的问候与众不同，让你的沟通聊得下去。

与人脉互动的核心目的在于使对方感受到你的价值，即确保你的资源或能力能被对方有效利用。然而，从人脉的思维角度出发，更重要的是建立一种相互契合的关系，即"合得来"。要实现这一点，你需要牢记以下四个关键思维链路条件：

理解对方需求：深入了解对方的需求和关注点，确保你的互动能够精准对接其实际需求。

展现价值匹配：展示你的资源、能力或信息能与对方的需求相匹配，体现你的独特价值。

建立情感共鸣：通过真诚、积极的沟通，建立彼此之间的信任和情感联系，让对方感受到你的诚意和关怀。

持续互动与维护：保持定期且高质量的互动，通过节日问候、互帮互助等方式，不断深化双方的关系。

遵循这四个条件与人脉互动，你将能够有效地建立并维持一种"合得来"的关系。为了更深入地掌握这些思维方式并将其转化为实际能力，需要通过不断的实践和调整，最终形成属于自己的独特互动模式。

赠仪的艺术

赠仪是日常经营人脉中的礼尚往来。你可能会说，这无须多言，一旦建立关系，我们就需要迅速维护这种联系。我非常认同，但请思考一下，当你赠礼给人，认为对方能用到你的资源，想要与对方维护关系时，其他同行呢？其他与你经营类似业务的人，甚至是与你竞争同一个项目的对手，他们是否也会如此？如果他们的礼物比你的更大、更贵重，你还有什么机会？你维护关系的所有做法是否就变得毫无意义了呢？

因此，我经常说，无论你组织了多少聚会，送出了多少礼物，在我看来，那真的不是在贬低你，你就是一个挥霍无度的"败家子"，因为你不把钱当作钱来对待。不论你的身家有多大，作为老板我们都应该更加重视价值。这就是成年人的价值观，只要对我有帮助，我不会去考虑花费多少钱。只要这个人脉你认为值得，无论多少钱你都能拿出来，这是我们成年人、生意人最基本的价值观。

在公司中，如果你遇到这样的员工，你是否会考虑聘用？设想这样一个场景：一位员工对老板说："我刚来到这个城市，尽管我在这个行业有多年的工作经验，但如果另一位候选人要求8000元薪水，我只要6000元，比他低2000元，你会聘用我吗？"你会考虑聘用一个自动降低自己价值的员工吗？更有甚者，有员工直接表示："我刚来到这个城市，我不要求薪水，只要你提供食宿，每月给我2000元生活费就可以了。"你会聘用这样的员工吗？因此，在雇主心中，员工的价值并不取决于薪水的多少，而在于员工对自己是否有用，是否能够胜任工作。如果我认为员工没有价值，即使是10元钱的投入也会觉得浪费。

如果你仍然有大手大脚的习惯，那今天我们应当成为一个真正的生意人，一个成熟的成年人。我们的价值观应当如此，这也是一个老板需要拥有的价值观。

但正如我之前所说，从思维层面来看，有很多同行，甚至竞争对手，他们也在维系着人情往来。你无法去打听，比如问："今年春节你打算送什么礼物？"然后你再送出比他们更高级的礼品，这样做是不合适的。

如何让你的礼物在众多礼物中脱颖而出呢？你需要让你的礼物**"会说话"**。这不仅仅是指礼物的物质价值，更重要的是它要传达出你的心意和了解。比如，我们设想这样一个场景：过节期间，领导周围总是"人满为患"，但是，唯独你没有出现。这时候领导就纳闷了，不对呀，每年都提前三五天就把礼物拿过来了，今年怎么没出现呢？当节日后的第二天你出现时说："领导呀，我这个假期出去旅游了，我带着家人旅游的时候看到一个东西特别好，我给我岳父买了一套，我给您也带了一套。这个礼物您一定超级喜欢。"

在人脉的一个思维和视角里，他心里想的就是两点：

首先，和家人旅游，你心里还惦记着他，说明领导在你心目中有着举足轻重的地位。其次，你送的礼物，因为你了解他，他肯定喜欢，那越发显得对领导重视。不需要强调礼物有多难买，或者它有多稀缺。这时候，只需把礼物摆上台面，它就能传达你的心意，告诉对方你为何选择它。因为你心中有对方，你懂得对方的需求。

当然，日常的关系维护也是必不可少的。你需要通过节日礼物来持续维系关系，比如中秋节送月饼，端午节送粽子。这样不仅能保持关系的稳定性，还能让对方感受到你的诚意和态度。

然而，除了日常维护外，你还需要在特殊时期加大你的"态度"。当你得知某个关系户即将有项目启动时，可以将礼物的价值增加到3~5倍。这时，选择硬通货是最佳方案，比如茅台等广受认可的礼品。这样不仅能直接体现你的价值，还能让礼物"说话"，表达出你想参与项目的意愿。想象一下，你对领导说："领导，今年我就不给您送大闸蟹了，去年我看到您收到了好几箱，今年我给您准备了××××。"

总的来说，无论是日常维护还是特殊时期的维系，你都需要用心挑选礼物并传达出你的心意和了解。这样你的礼物才能在众多礼物中脱颖而出。同时记住，在日常维系中固定礼物的品种和价值也是非常重要的，这样才能确保你的关系户在收到你的礼物时能感受到你的诚意和态度。

求助与互动

现在，让我们进入第三个场景，也就是第三个技巧，即求助。你可能会问，我完全不懂，这怎么会是求助呢？我们与人脉互动，更多的是表达我们想要与对方结交的心情，不是我们送东西给对方吗？怎么会是我们求助于对方呢？请思考这个问题。当思维链路打开时，你经营人脉的能力自然就会具备。

我们再来接入一个案例，有一次，我的一位姓程的朋友组织了一个聚会。你可能想知道我是如何认识程先生的。实际上，当时我还在工作，而程先生在我们集团中的地位非常高。在那个场合，程先生坐在主桌上，而我则坐在离他四五张桌子远的地方。

再回想一下团体聚会中的敬酒环节。当主桌上的人互动完毕后，其他桌子上的人会排队去向主桌的人敬酒。主宾会用一杯酒来回应整个队伍的十几个人，说一声"谢谢"，然后点头示意，只喝一小杯。而其他十几个人则要用大杯一饮而尽，无论是红酒、白酒还是啤酒，都是这样。

这个场景你是否熟悉？好的，我告诉你，我当时就是排队敬酒的人群中的一个小角色。我和程先生之间的地位差距巨大。但后来，当我转到另一家公司工作时，有一次我们举办了一次大型项目研讨会，程先生作为我们的特邀嘉宾出席。这时，我意识到他对我们公司非常看重，甚至在那个研讨会上，程先生也表示对我们公司的项目感兴趣，并打算投入一部分资金，与我们公司共同推进这个项目。

当时，我内心的感受是，我一定要与程先生建立联系。一方面，这有助于我在公司的稳定性；另一方面，我年轻时就有这样一个想法，作为一个北方人，初到这么远的地方，我自然怀揣着创业的梦想。再者，等我将来有所成就时，程先生是我能够利用的资源，不是吗？

当时我心中认为这是一个值得把握、利用的机会，必须抓住，我打算赢得他的信任，看看我是如何做到的。当时程总也经常来访我们公司，并且他也认出了我，他说："您不就是之前在那家公司市场部工作的那位先生吗？"随着时间的推移，每次他来访我们公司，我们都会交谈和打招呼，但并没有深入交往。那时，我确实用了一些心思，正如我之前所说，我想结交他。有时他离开后，我会跟随他下楼，远远地观察他。突然，我发现了一些事情：程先生当时已经相当富有，但他开的却是一辆A品牌汽车。

这时我意识到，程先生一定是对汽车有特别喜好的人，因为A品牌车本身的价值并不高。虽然我不清楚现在的价格，但当时它的售价是几十万。以他的身家，他完全可以开任何高档车。但他选择了A品牌，我立刻意识到程先生对汽车有着浓厚的兴趣。因此，我迅速补充了有关A品牌的知识。你可能会问如何补充这些知识。在互联网时代，正如我之前所教授的，你可以利用互联网工具，但并非所有问题都要求助于互联网。你可以查找你所在城市销售A品牌的汽车销售中心或4S店，以客户的身份去那里，让销售人员为你介绍车辆的性能、扭矩、尺寸、加速性能等。让他向你讲解这些卖点，并将其记住。

接下来，我找到了一家4S店，销售人员向我介绍了几个卖点，我总结了五六条，并全部记住了。掌握了这些知识后，我开始采取行动。我特意了解了程先生大概何时会来我们公司，然后在停车场等他。但那天不巧，他把车停在了后面，我等了很久，当我回到办公室时，程先生已经到了。于是我决定等他下班。当他准备离开时，我说："程先生，我送您一程。"他回答说没关系，他每天都来。我解释说，因为上海禁止在办公室内吸烟，我要去停车场抽根烟，我们可以顺路。

通过这种方式，我们从陌生人开始互动，利用了主动求助的技巧，请求对方帮一个小忙，欠下一个小人情，并寻找机会回报。这个道理大家都懂，但实际操作时可能并不容易。通过这种方式，我和程先生建立了联系。

我们在轻松的交谈中，夹杂着玩笑，一同走到了停车场。到达停车场时，如果你不擅长即兴表演，至少应该学会如何表现得自然一些。当他按下钥匙，车辆的灯光瞬间亮起，我表现出了惊讶，赞叹道："这不是A品牌的车吗！"这让他吓了一跳，问道："这车怎么了？"我解释说："程先生，您可能不知道。在我和我妻子之间，这款车就像是我们的第三者。我妻子一直梦想拥有一辆，而我也同样渴望拥有它。"

我告诉他，这辆车是我和妻子共同的"情敌"，我们都非常喜欢这款车。接着，我运用从汽车销售员那里学到的专业知识，向他介绍该车的三大特性。您可能会问，我不是从销售人员那里学到了五六个卖点吗？为什么只提到三个呢？这是因为我认为他的思维链路可能还没有完全打开。如果把所有卖点都说完，别人还能说什么呢？在交流中，我们应留有余地，让对方也有机会表达自己的观点，促进双方互动。

当我列举了三个特性后，程先生拍了拍我的肩膀，表示赞同。他告诉我，虽然我们还没有购买A品牌汽车，但这表明我们真的非常喜欢这款车。他解释说，A品牌是一个小众品牌，卖点与众不同，不是其他车型常见的卖点，而是从一个独特的角度展示其性能的。接着，程先生补充了我未提及的另外两个卖点。

听到这里，我接过话题，告诉程先生，我正在和妻子一起攒钱，我们的目标不是买房，而是购买一辆车。我说，我们之所以如此渴望拥有这款车，是因为我们还没有试驾过这款车。每到周末，我们都会去4S店，欣赏A品牌汽车，与它合影，这已经成为我们的一种习惯。

然而，我曾尝试与汽车经销商预约数月的试驾服务，但被告知，A品牌不提供试驾服务。在这种情况下，我向程先生提出了一个请求，希望他能在明天来访时，将他的汽车借给我使用。我自嘲地说，我是个充满浪漫情怀的人，想带我太太去兜风，否则她总是对这车念念不忘。她甚至指责我无能，认为如果我能与4S店建立良好关系，不就可以试驾了吗？我告诉她，她更多的是出于好奇，并非真的想要购买。她说如果能坐进A品牌汽车，她感觉就像找到了情人一样。

这件小事，我没想到程先生答应得如此爽快。他表示可以，并说明天会来。他提议说，可以把车钥匙留在前台，我随时可以去取。第二天，他真的把车借给了我，我便驾驶汽车出去了一个小时。你可能会问，我们去哪里兜风了？实际上，我们并没有真正兜风，只是将车开出停车场，在外面停了一个小时就回来了。这是一次思维链路的实践。

让我来询问你一个问题：当你向他人借车并归还时，你会采取哪些行动？你可能会说，我会将车辆清洗干净，并将油加满。但这些做法并不完全正确。请记住，今天我所教授的技巧，是唯一能够告诉你的场景性技巧，更多的是关于思维链路的。

在归还车辆时，我与车主进行了如下对话，我对程先生说："您借给我们的车让我妻子非常满意，她甚至想要亲自向您表达感谢。但我知道您身份尊贵，正忙于项目，没有时间听这些琐碎的感谢。但我妻子坚持要表达感激之情。"程先生却说，这是小事，无须客气。

我回应说："我也明白您不会在乎这些小事，您慷慨地借给我们这么好的车，让我们使用，我们之间无须计较。但我妻子非常坚持，她特意跑到水果市场，买了两盒进口水果想要放在车上作为感谢。"这时，程先生感到有些不好意思，连声说"这不行"。我对程先生说："您不要拒绝我，我知道您不会接受我的礼物，但这是我老婆的一番心意，您怎么还呢？您还给我老婆吗？我不敢将这些水果带回家，因为如果我这么做了，我妻子可能都不会让我进家门。"

最终，程先生同意接受水果，并表示改天会请我们夫妇吃饭。请注意，当你觉得与对方互动时，对方可能不会接受你的礼物，你可以找一个借口，使得对方即使想还礼也找不到机会。通过第三方介入，比如说是配偶的赠礼，对方就难以拒绝了。这不是我送的，我本也不想送，但既然是我的配偶送的，你怎么还礼呢？你还给我的配偶吧，我不敢拿回去。这样一想，礼物就送出去了。

你可以采取一种谦逊的姿态来求助他人。如果你在向一个人请求帮助或借用物品时感到难以启齿，或者没有完全把握，你完全可以提出一个非常简单的问题去请教他。这样做甚至可能暴露出你在这个问题上的无知。你可能会问，这样做岂不是显得我很愚蠢？但这并无大碍，我们甚至可以展现出一种不太懂得的形象。在这种情况下，你去向他求助："尊敬的领导，我在这件事情上真的感到困惑。您见多识广，请您指点一二。"对方看到你在如此简单的问题上都感到困惑，可能会说："来，我教你。"然后他会告诉你如何解决这个问题。

许多人可能已经意识到这种方法的妙处。在对方给予你指导之后，你可以在第三天再次去找他，表达你的感激之情。你可能会问，我应该如何表达感谢？是否应该带着礼物去感谢他？确实，在精神层面上表达感激是正确的，但我们也需要注意，办公室是办公的场所，它的功能是处理事务、汇报工作，是一个正式的工作场景，而不是社交或赠送礼物的场合。因此，我们应该避免在办公室中进行物质层面的回报，而应该通过其他更合适的方式来表达我们的感激之情。

因此，我一直强调让你置身于我所描述的场景中，思考如何让你的礼物被对方接受。你必须改变场景，不要将其带到工作环境中。许多人在这方面都做错了，这也是为什么他们的礼物会被拒绝。在这种情况下，你应该对领导说："您给了我巨大的帮助，甚至用您的方法，我成功谈成了一笔生意。这笔生意的利润暂且不提，但无论如何，即使我必须在楼下等待您，今天我也要请您吃饭。"这样，他难道会拒绝给你这个面子吗？

当你和他从办公环境中走出来时，你的物质回馈，或者说直白一些，你的礼物，就应该适时出现了。

请大家认真思考并付诸实践。我有一些启发性的思考题。只要你说"我的思维链路已经打开了"，是否就意味着没有问题了呢？当你的思维链路打开后，你就具备了人脉经营的初级能力。这是初级能力，因为这种能力在大学里是学不到的。即使在生活场景中，你也无法通过购买书籍获得，尽管现在是一个互联网时代，是一个知识付费的时代。

我大胆地向你说明，如果这一整套思维链路能够给你带来启发，它实际上将转化为你的能力。你是否注意到，我更多地讲述了我年轻时的经历，以及我是如何从小规模的生意开始，逐步与人脉建立联系，从陌生到熟悉，再到深度互动，最终使他们成为我的"贵人"。

我之所以一直强调这些内容，是因为对于那些更大规模的生意和更重要的人脉，其中的思维链路需要通过训练和深度互动来掌握。这种思维链路将从理论转化为你的生活方式，进而成为你的天赋。请大家不要贪多求快，首先要打开思维链路。我相信，这不仅仅是一种归零或空杯的心态，你买来这本书，是因为你和大家都是聪明且有经验的商人。你需要的只是一点启发，去将这些知识转化为自己的能力。

第四节 共绘蓝图：组局经营之道

初入组局，细节为王

在组局之前，精心做好选址与邀约的准备工作是确保活动成功的关键环节。正所谓"磨刀不误砍柴工"，充分且周到的前期准备往往意味着组局已经成功了一半。而邀约环节更是重中之重，因为能否成功将参与者聚集在一起，直接关系到后续活动的进行。

我们设想一个场景：假设你是一名员工，想请领导吃饭。你发短信给领导说："领导，周末有安排吗？我想请您吃个饭。"

领导回复："哦，这个周末有安排了。"

过了一段时间，你又给领导打电话："领导，有时间吗？"领导说："哎哟，这一段时间都很忙，过一段时间吧。"

再过一段时间，你学聪明了，给领导打电话说："领导，这周六有没有时间？我想请您吃个饭。"领导回答："不用了，有什么事啊？你直接到我办公室来说就行了。"

这时你可能会生气：清高什么呀？我请你这么多次都请不来，

我还不清楚吗？但是你信不信，你的领导闭着眼睛就知道，你找他无非是想谈换岗位的事。为什么呢？因为你所在的科室大家都待不了半年，都想换岗位，哪有无缘无故请吃饭的？你不就是想找他换岗位吗？那还怪领导吗？怪你，你是个死心眼，你是个榆木疙瘩。

比如你是一位商人，在面对客户、采购部经理等人时是否经常这样说："刘总，咱们坐一坐。"刘总说："不用，有什么事到办公室来说，方便。"你接着直接说了："刘总，下周末咱们一起聚一聚。"刘总说："你看啊，我现在手头工作非常多，过一段时间再说吧。"

我们评价一位领导"说话挺和气，但就是难约"时，实际上触及了人脉交往中的一个核心问题：**如何将工作关系转化为社交关系**。在工作场景中，我们往往局限于公事公办，难以深入了解和建立更深厚的联系。因此，想要与人脉或领导建立更紧密的关系，就必须将他们从工作场景引入社交场景中来。

然而，这里存在一个明显的难题：无论是同事还是领导，他们通常都能敏锐地察觉到，当你邀请他们吃饭时，往往是有一些诉求的。这种诉求可能让他们感到不适，甚至觉得这是一场"鸿门宴"。在这种情况下，他们可能会端着酒杯，难以开口拒绝，于是干脆选择不出席。

硬请、干请的方式往往难以奏效，因为这样的邀约缺乏吸引力和诚意。在当今社会，吃饭就像喝杯咖啡一样，已经成为一个非常平常的社交场景。但关键在于，商务聚餐不仅仅是一顿饭，更是一个布局、一个平台。你需要在这个平台上巧妙地提出你的要求，而这就需要你事先做好充分的准备和布局。

很多人在邀约时往往过于直接，缺乏策略和思考，结果吃了无数的闭门羹却仍然不知道如何反思和总结。实际上，在商务聚餐上，从开始邀约的那一刻起，你就需要花心思、动脑筋。你需要让对方知道，参加这个商务聚餐对他们来说是有"甜头"、有好处的，或者有一个必须参加的理由。因为每个人在这个社会上都是有喜好、有欲求的，只要你能触动他们的内心，他们就有可能出席你的商务聚餐。

邀约心法，重塑策略

邀约看似简单，实则蕴含深意。在社交场合，尤其是涉及人脉和领导的邀约，更需要策略和智慧。以下是几个通用的邀约方法，希望能帮助你成功组局。

投其所好：了解对方的兴趣和喜好，以此为切入点进行邀约。比如说，如果对方喜欢喝酒，你可以以品鉴好酒为由邀请他。更重要的是，要提升邀约的情商，可以说："领导，我爷爷年轻时收藏了一箱酒，藏了几十年。最近他想卖，但我们对此不熟悉。您是行家，下周有没有时间帮我把把关？顺便品鉴一下，给我定个价。"这样的邀约，既体现了对对方专业的认可，又给出了一个让人无法拒绝的理由。

利用人脉资源：如果对方喜欢结交更高层次的人脉，你可以借此邀约。比如："领导，我有个亲戚是某公司的总监，马上升总裁了。我想请他吃饭，但聊天没话题。您能不能抽空帮个忙，陪我坐下来撑个场面？"这样的邀约，既满足了对方结交人脉的需求，又给了他一个无法拒绝的理由。

关注对方家庭需求：如果对方子女有留学等需求，你可以借此邀约。比如："领导，我想约您吃个饭。恰好有一个朋友刚从国外留学回来，非要见识一下您的风采。您一定要赏光啊。"这样的邀约，既给了对方一个了解留学信息的机会，又让他觉得你是一个聪明人，善于把对方想要的东西说成自己的累赘。

总之，组局的重点一定**不能以自我为中心，而是要以对方为中心，**想着对方喜欢什么，然后有的放矢地抛出"甜头"，让他无法拒绝。无论是求人办事的商务聚餐还是普通商务聚餐，都需要找些由头来吸引对方。只有投其所好，才能让对方心甘情愿地出席你的商务聚餐。

选址正确，事半功倍

在筹备商务聚餐时，选址是一个至关重要的环节。

以下是选择场地时需要考虑的几个关键因素：

· **环境和档次：**邀请重要客户时，饭店的环境和档次是首要考虑因素。商务聚餐往往注重排场，这既能体现对客人的诚意和尊重，也是商务礼仪的一部分。

· **口碑和特色**：对于熟悉的客户，了解他们的口味和忌口是非常重要的。结合当地的特色，可以选择一些有风味的餐馆，这样既能满足客户的口味偏好，又能体现你的用心和品位。

· **交通和设施**：无论选择什么样的场地，饭店或酒楼都必须干净卫生、交通便利。最好选择带有包间或雅座的场地，这样方便与客户沟通，不会被外界打扰。

确定商务聚餐时间时，也需要考虑以下几个方面：

· **民俗习惯**：正常的商务聚餐通常安排在晚上，因为中午时间短，特别是工作日，客人下午可能还有工作。当然，也要考虑某些特殊行业的限制，如限酒令等。

· **主随客便**：为了显示诚意，应尽可能给客人多个时间选择，体现主人的随和与体贴。

· **控制用餐时间**：商务聚餐的时间长度也要安排得合理、科学。一般来说，1到2个小时为宜，最长不要超过3个小时，除非客人主动要求延长。

在邀请客人时，有三步是需要特别注意的：

明确请客目的。比如说："您经常提醒我，我特别感激，想请您吃个饭。"

说明参加人员。比如说："我酒量有限，怕陪不好您，所以想请老张、老李作陪，您看行不行啊？"或者询问客人是否想带其他人。

确定时间、地点和口味。比如说："我想定在周五，您看方便吗？或者您看哪天方便。您喜欢哪家酒店？我推荐几个新开的饭店，据说很有特色。"

最后，关于着装打扮，建议根据商务聚餐的正式程度来选择着装。普通聚会可以简单随便一些，只要干净整洁即可。但如果是正式的商务宴请，男士最好着正装或比较正式的服装，女士则可以选择职业套装或得体的礼服，并可以适当喷洒香水、佩戴首饰。着装一定要符合身份和场合，这一点非常重要。

第五节 灯塔指引：
商务宴会社交技巧与沟通指南

商务宴会座次，另有乾坤

在中餐礼仪中，座次的安排是一项重要的文化体现，不仅关乎礼节，也反映了对宾客的尊重。

我们应该注意哪些要点呢？

遵循礼仪规格：座次安排通常依据职务尊卑、年龄长幼或先女后男的顺序进行。这是表达对宾客身份和地位的尊重。在具体安排时，需综合考虑商务宴会性质、目的及主人的特殊要求，确保每位宾客都能感受到应有的礼遇。

尊重风俗习惯：到达陌生地方宴请宾客时，应提前了解并尊重当地的风俗习惯，避免触犯禁忌。可咨询饭店服务人员，确保座次安排符合当地的文化传统和礼仪要求。

便于席间服务：在安排座次时，需考虑席间服务的便捷性，确保服务员能够顺畅地为每位宾客提供服务。

通常从主位开始，依次安排客人和陪客，保持整体座次的和谐与秩序。

找准主位：主位通常是正对着房门的位置，这是表示尊重和欢迎的重要象征。若包房设计无正对门的位置，可通过房间装饰、设计（如屏风、壁画）或特殊标志（如餐巾造型、颜色）来识别主位。

遵循座次规范：主位确定后，右侧为主客位，左侧为副客位，其余宾客和陪客依据职位、年龄或性别等原则依次安排。在特殊情况下（如主人与宾客职位相当或主人邀请职位更高的宾客），需灵活调整座次安排，确保每位宾客的舒适度。

特殊情况处理：若作为客人参加宴会，应客随主便，听从主人安排座次。若一行人中包含领导或长辈，应主动礼让上座，避免造成尴尬或误会。

注意细节：商务宴会的末座（主位正对面、背对着门的位置）通常不安排女宾就座，以示尊重与避免不便。若作为组局人邀请领导或重要宾客参加宴会，应避免抢占主位，而应礼让给宾客或中间人，以体现诚意与尊重。

觥筹交错，把酒言欢

在商务宴会上准备酒水，既要注重面子也要讲究细节。所谓"酒逢知己千杯少"，酒水是促进人际关系的重要润滑剂。有酒不仅能助兴，还能让社交活动达到高潮，因此酒水在商务宴会中一直发挥着重要的作用。

以下是整理归纳的酒水准备要点：

酒水分类与特色

· 白酒

白酒是中国独有的烈性酒，根据其香型可分为四大基础香型和其他衍生香型。

酱香型：以茅台为代表，具有酱香味，口感较重，有焦香、糊香和熏香，后味悠长。

清香型：如汾酒，口感清爽纯净，带有甜味，酒液清亮透明。

浓香型：如五粮液、剑南春，口味丰满，入口绵甜，窖香、糟香等香气突出。

米香型：口感类似蜂蜜，甜甜的味道，易入口，适合女性。

其他香型：包括凤香型（如西凤酒）、董香型（如董酒）等，均是在四大基础香型上发展而来的。

· 啤酒

啤酒含有大量泡沫和香味，酒精含量较低，通常由大麦和啤酒花发酵而成。常见分类有：生啤、熟啤、黄啤、黑啤、红啤等，著名品牌包括德国的贝克、荷兰的喜力、丹麦的嘉士伯等。

· 葡萄酒

分类：红葡萄酒和白葡萄酒，味道醇美，以葡萄为原料发酵而成，是西餐常用的佐餐酒。优质产地：著名产地有法国、意大利、西班牙等。

- **其他酒类**

香槟、白兰地、威士忌、鸡尾酒等，适合特殊场合或根据个人喜好选择。

尊重客人喜好：了解并尊重每位宾客的口味偏好，提前准备相应香型的白酒或其他酒水。

确保酒质安全：选择知名品牌、有良好口碑和质量保证的酒品，避免选用来源不明或质量不可靠的酒。

合理控制成本：根据社交场合的规模和自身经济能力，合理选择酒水，避免过度铺张浪费，做到既体面又经济。

不同场合的酒水准备

- **重要商务邀请**

酒水选择：以茅台、五粮液、剑南春等高端白酒为主，展现出对宾客的尊重与重视。

细节考虑：准备多种香型的白酒供宾客选择，避免单一口味造成不便。特殊酒瓶可提前用分酒器分好，避免直接上桌。

- **普通商务宴会**

酒水选择：根据宾客的口味偏好和地域特色，选择当地知名或宾客喜爱的酒水。

氛围营造：注重酒水的搭配与整体氛围的协调，营造轻松愉快的商务交流环境。

- **亲朋好友聚会**

酒水选择：更注重个人口味和消费水平，可选择多样化的酒水组合，满足不同人的需求。

情感交流：在酒水的选择上融入情感元素，增进亲朋好友之间的感情。

酒水服务与搭配

酒水服务：确保服务员熟悉各类酒水的特点和服务流程，能够为宾客提供专业、周到的服务。

酒水搭配：根据商务宴会的主题和菜肴特色选择合适的酒水搭配方案，提升整体用餐体验。

适量饮用提醒：在商务宴会过程中适时提醒宾客适量饮酒，避免过量饮用影响健康和交流氛围。

在商务宴会上准备酒水是一项细致且重要的工作，需要充分了解各类酒水的特点和适用场合，结合宾客的口味偏好和实际需求进行合理选择。同时，注重酒水的搭配和服务质量，营造和谐愉快的用餐氛围，让宾客感受到主人的诚意与尊重。

在商务宴会中，敬酒是不可或缺的一环，它不仅体现了对对方的尊重，也是促进情感交流和加深关系的重要手段。以下是对商务宴会上敬酒礼仪及敬酒词的详细解析。

献酬奉觞，华夏礼仪

商务宴会并不仅仅在于"饭"，其核心在于"局"，即在社交场合中遵循的一系列规矩与流程。很多人因不熟悉这些规矩，往往在商务宴会中无意得罪了他人或给人留下不佳印象。商务宴会上的饮酒流程尤为重要，那我们应当如何做？敬酒又有哪些分类呢？

敬酒分类及流程

· 开局酒（开场酒）

由主局人（请客方）发起，目的是为商务宴会定下基调，通常包括对来宾的欢迎、感谢以及对商务宴会目的的简短介绍。这一环节旨在营造和谐友好的氛围，为后续的交流打下基础。

· 东道主敬酒

紧接着开局酒后，东道主（主人）会开始敬酒。这一环节遵循从尊贵的客人开始，依次按座次敬酒的原则。东道主通过这一行为表达对客人的尊重和热情款待。

· 客人回敬

在主人完成敬酒后，客人通常会进行回敬，以表达对主人的感激和尊重。这种互动可进一步加深双方的情感联系。

· 自由敬酒

进入自由敬酒阶段后，商务宴会气氛逐渐升温。宾客之间可以互相敬酒，讨论感兴趣的话题，结识新的人脉资源。这一环节是商务宴会中最活跃、最富有社交性的部分。

- 共同饮酒（满堂红/圆盅酒）

商务宴会接近尾声时，通常会进行共同饮酒的环节，象征着团结和共享。这一环节标志着商务宴会的完美结束，给宾客留下深刻的印象。

敬酒规则深入解读

在商务宴会敬酒的场合中，遵循正确的敬酒顺序是至关重要的，这不仅体现了对在场宾客的尊重，也是个人礼仪修养的体现。以下是正确的敬酒顺序说明：

领导先敬：在商务宴会中，通常由职位较高的领导先发起敬酒，以确立商务宴会的正式性和权威性。

适时跟敬：在领导敬酒后，其他人应选择合适的时机进行跟敬，以展现自己的尊重和礼貌。

先高后低：在敬酒时，应优先敬酒给职位较高或较为尊贵的客人，然后再敬酒给其他宾客。

先外后内：遵循先敬来宾（客人），再敬自己一方人员的原则，以体现对客人的重视。

- 注意节奏

在敬酒时，应注意观察对方的状态和反应。避免在对方正在进食或交谈时打断其节奏进行敬酒。应等对方稍事休息或吃完东西后再进行敬酒。

- 寻找合适时机

敬酒应选择在对方较为空闲或氛围较为活跃的时机进行。避免在对方忙碌或疲惫时进行敬酒，以免给对方带来不便或压力。不逞强、不退避，根据自己的酒量和实际情况来决定是否敬酒以及敬酒的多少。不应勉强自己或他人喝酒，也不应因为自己的酒量小而回避敬酒。应展现真实可信的态度。

- **特殊情况的灵活处理**

当遇到特殊情况，如所有宾客均来自上级部门或具有特殊身份时，应不论其职位高低，均给予高度尊重，视情况灵活调整敬酒顺序，确保每位宾客都感受到周到的礼遇。

敬酒词公式及运用技巧

公式：称呼+主题+喝酒引导

- **称呼**

敬酒时应使用恰当的称呼来体现对对方的尊重。职务上应称高不称低（如"李总""王总"等），感情亲近时可适当使用亲昵的称呼。称呼的使用不仅能体现个人素质和修养，还能拉近与对方的心理距离。

- **主题**

敬酒的主题应明确且富有深意。常见的主题包括祝福话、称赞话和感激话等。在表达时应注意语言的得体和情感的真挚。比如说："领导，我敬您一杯，祝您事业蒸蒸日上"或"领导，您刚才的高论让我受益匪浅，我敬您一杯表示感激"等。

- **喝酒引导**

在提出喝酒请求时，应采用礼貌且委婉的方式引导对方。比如说："王总，我敬您一杯，您随意就好"或"领导，您看这杯酒我们怎么喝合适？我听您的"等。这些引导语既能体现自己的诚意和尊重，又能给对方留下选择的余地。

敬酒技巧与注意事项

· 了解对方情况

在敬酒前应尽量了解对方的情况和喜好。这有助于在敬酒时找到共同话题和切入点，增加亲切感和互动性。同时，也可以根据对方的情况灵活调整敬酒的方式和内容。

· 利用群体效应

在自由敬酒阶段可以鼓励大家一起敬酒或举杯共饮。这不仅能活跃气氛，还能增强团队凝聚力和归属感。同时，在集体敬酒时也可以借助群体的力量来影响和带动对方参与其中。

· 善用陪同人员

如需陪同人员参与敬酒时，应选择高素质、有涵养的人员来担任此任务。这些人可以通过高情商的话术和得体的举止来提升敬酒的效果和氛围。特别是女性陪同人员往往更能吸引注意力和增添话题性。但需注意陪同人员的选择和言行举止应符合场合和礼仪要求。

· 把握敬酒节奏

在整个商务宴会过程中应把握好敬酒的节奏和频率，避免过于频繁或过于冷淡的敬酒行为给对方带来不适或忽略感。应根据商务宴会的进展和氛围的变化灵活调整敬酒的时机和方式，以保持整体的和谐与平衡。

- 提醒适量饮用

作为主人或组织者应适时提醒宾客适量饮酒，避免过量饮酒带来的不良后果和影响。这既能体现对宾客的关心和体贴，也有助于维护商务宴会的良好秩序和形象。同时也可根据宾客的实际情况和需求提供相应的服务和支持，以确保每位宾客都能享受到愉快的用餐体验。

高情商拒酒

在探讨饮酒文化时，我们常面临两大问题：一是如何在不饮酒的情况下，展现出高情商并合理拒绝；二是对于能饮酒的人士，如何恰到好处地品味美酒。特别是当谈及敬酒环节，有些人因身体条件无法饮酒，这时，如何既不失礼又巧妙地拒绝，就显得尤为重要。

拒酒的情况大致分为两种：

一是完全不能饮酒或是不愿饮酒。此时，寻找一个合理的借口是关键，比如身体健康问题或对酒精过敏。重要的是，这一理由需真诚表达，并提前告知，以免在酒已上桌时造成尴尬。

具体策略如下：

主动出击，以诚待人：在商务宴会开始之初，便主动说明情况，如："各位领导，我因酒精过敏无法饮酒，但我的态度绝对端正。这杯饮料，我先干为敬，感谢大家一直以来的关照。"如此一来，虽未饮酒，但积极的态度已展现无遗。

幽默化解，避免冲突：面对"不喝酒即不给面子"的言论，不妨以幽默应对，比如："领导，我确实出于身体原因不能喝，否则就得直奔医院了。我不是怕死，是怕连累了各位。这真不是看不起您，而是看不起病啊！"这样的回答能有效缓解紧张气氛。

角色扮演，轻松拒酒：在熟悉的朋友间，可适当"扮演"角色，如"妻管严"："出门前老婆有令，让我多吃饭少喝酒，否则回家就得挨训。"这样的理由既委婉又有趣，能轻松化解劝酒压力。

以艺代酒，增添乐趣：在重要商务宴会中，若实在无法饮酒，不妨提议以才艺表演代替："领导，我确实不能喝，一喝就醉，甚至闻一闻都想吐。但今天这个场合太重要了，不如我给各位献上一首歌，或者表演个节目，如何？"

当然，也会有人对此持不同意见，认为饮酒是社交的一部分，但关键在于，如何在尊重传统与照顾个人健康之间找到平衡，让每一次的商务宴会都成为愉快而难忘的经历。

二是在饮酒场合中，若想控制饮酒量或避免过量，可以采取以下策略来有效应对，并在一定程度上减缓醉酒速度。

避免空腹饮酒：空腹饮酒不仅伤身，还易导致醉酒。饮酒前应先食用一些食物，以保护胃黏膜并减缓酒精吸收。

把握最佳饮酒状态：当饮酒后迅速产生排尿感，说明体内解酒能力达到高峰，此时较不易醉酒。

饮酒前准备：饮酒前可饮用一小盒牛奶或服用葡萄糖等，以增强身体对酒精的耐受性。重要场合可自备解酒灵等，以备不时之需。

控制饮食量：饮酒前不宜大量进食，半饱即可，以免饮酒不当导致不适。

掌握吹瓶技巧：在吹瓶时，应平稳缓慢地抬高酒瓶，喝一口后留缝隙让空气回流，再喝下一口，避免猛灌导致尴尬。

避免混饮：不同种类的酒混合饮用易导致醉酒，且第二天可能引发头痛等不适。特别是像杨梅酒这类后劲大的饮品，更应少喝、慢喝。

身体不适时及时处理：饮酒过程中若感到反胃或不适，应立即前往洗手间处理，以避免醉酒。

解酒食疗：饮酒过多时，可通过食用白菜豆腐汤、牛奶、茶水等解酒菜肴或饮品来缓解醉酒症状。

针对女性饮酒者，还有以下特别建议：

女性应尽量避免饮酒，若必须参加商务宴会，应有信得过的人陪同，以保护安全。

可以利用生理期、备孕等理由婉拒饮酒，或提出让对方加倍饮酒的条件来应对劝酒。

在商务宴会中寻找战友，通过巧妙的提问和引导，将单一的敬酒转变为群体性的饮酒，以减轻个人饮酒压力。

若遇到拼酒情况，应根据自己的酒量和擅长领域来应对，必要时可与朋友合作，采取轮流敬酒的策略来降低对方酒量。

如何给领导代酒

在职场商务宴会中，帮领导代酒是一个需要高情商和判断力的行为。并非所有场合都适合代酒，选择不当可能会适得其反，让领导觉得你不懂事，甚至成为商务宴会中令人厌恶的对象。

1. 观察场合

在给领导代酒之前，首先要观察场合是否合适。一般来说，在商务宴会或对外接待的正式场合给领导代酒更为合适。这些场合领导往往需要保持清醒的头脑来处理事务和应对宾客，此时代酒可以体现自己的细心和体贴。而在公司内部聚会等非正式场合则应避免过分抢眼和擅自代酒，以免引起同事反感。

不适合代酒的场合通常包括公司内部年会或高管小范围聚餐。在这种场合下，大家都是领导的下属，你站起来帮领导代酒可能会被视为明目张胆地献殷勤，引起其他同事的反感。

然而，在参加商务宴会的人不太熟悉的情况下，你可以考虑帮领导代酒。比如和领导一起出差到外地调研或考察项目时，当地人会尽地主之谊举办商务宴会。在这种商务宴会中，你可以大方地帮领导代酒，但需要先请示领导，确保得到领导的默许。

2. 征得同意

我们设想一个场景：在出差或考察项目期间，与领导共同参与由当地主办的商务宴会时，面对对方热情款待及可能的劝酒氛围，特别是当对方领导或重要嘉宾表现出浓厚的饮酒兴趣时，代酒行为需谨慎而得体。在此情境下，首先应私下向领导表达代酒的意愿，比如可以恭敬地说："领导，其实我酒量尚可，如果场合需要，我是否可以帮您代饮几杯，减轻您的负担？请您指示。"

一旦获得领导的默许或点头同意，即可采取行动。此时，可手持分酒器立于领导身旁，准备应对即将到来的敬酒环节。当有人前来敬酒时，应主动为领导斟酒，但量不宜多，同时以得体的言辞缓解氛围，如："请各位理解，我们领导明日还有重要接待任务，不宜多饮。这杯酒，我代表领导稍作品尝，以表敬意。领导的身体与健康对我们团队至关重要，望大家海涵。"

若领导以点头或眼神示意接受此安排，即表明他确实因身体状况或次日行程考虑而不宜过量饮酒。此时，作为下属，应灵活应对，既维护了领导的形象与健康，又展现了自身的责任心与应变能力，确保商务宴会氛围和谐愉悦。

3. 巧妙应对劝酒

在代酒过程中，如果遇到对方坚持让领导饮酒的情况，则需要巧妙应对。可以首先以领导的身体原因为由婉拒对方的劝酒："真是非常抱歉，我们领导今天身体不太舒服，确实不能再喝了，您看这杯我替他喝怎么样？"如果对方仍然坚持则可以进一步表达自己的诚意和决心："您看我们领导平时对我们大家这么好，今天这杯酒我无论如何都要替他喝下，也算是表达我们团队对他的感激之情吧！"这样的回答既维护了领导的形象，也展现了自己的应变能力和团队协作精神。

在整个商务宴会中，你需要时刻关注领导的需求和状况。比如观察领导的水杯是否缺水，及时为领导加水并提醒领导多喝水解酒。你还可以询问领导是否需要西瓜汁等解酒饮品，表现出自己的细心和周到。

总之，在帮领导代酒时，你需要具备高情商和判断力，选择合适的场合和方式，同时时刻关注领导的需求和状况。如果你能够做到这些，就会成为领导在商务宴会中的得力助手，甚至成为领导的心腹和自己人。

第六节 航海心经：炒热气氛有效互动

炒热气氛的秘诀：有效互动与禁忌规避

商务聚餐上，怎样与人对话，怎样听懂别人说话。
聊什么话题不冷场，什么话题是禁忌话题。

不冷场怎么做

商务聚餐上除了喝酒，那就是说话，就是沟通交流。
那商务聚餐上适合聊什么呢？

第一点：请教——万能的沟通法宝

以谦虚学习的态度，向对方请教。请教对方擅长的、喜欢的、当前或者正在做的行业等。把你的腰弯下来，虚心请教，这就是万能通用的一个法宝，非常好用。

第二点：投其所好——了解客人的爱好

如果知道客人特别喜欢足球，那就聊足球；他喜欢历史，那就聊历史；喜欢财经就聊财经。

如果不知道客人喜欢什么，怎么办？那就聊聊客人当前从事的行业，准没错。

第三点：拉近关系——聊聊事业或者感情

事业和感情这两个话题，是比较常见的一个聊天话题，聊一聊事业的发展，聊一聊感情，能够快速地把彼此的关系拉近。但是一定要注意的是，这两个话题不太适合友情刚刚开始的时候，这时候还没到这个熟悉程度，要等到了这个熟悉程度的基础上，再聊这两个话题。

第四点：寻找话题——聊聊热点、新闻

对热点事件有什么看法？会有什么样的一些发展预判？

第五点：立足当下，畅谈未来——目前所在行业发展情况、未来发展方向

要提前做足功课，多去看行业大佬的解读，然后再把它变成自己的口述形式，谈谈你对该问题的感想，把提前做好的功课作为谈资。这时候客人一定会对你刮目相看。

第六点：利用共同点——谈一谈相互之间有交集的那些人和事儿

比如说张三、李四，他最近在干什么呀？最近他发生了什么事啊？先谈近况，聊友情。据此可以得出跟张三、李四发展到什么关系。但应注意的事项是：要谈正向的，不要去八卦人家，更不要把人家一些丑事、缺点都抖搂出来。

如果大家来自同一个地方，还可以用家乡话来交流，会显得更加亲热。

第七点：做个有趣的人——懂幽默、会才艺

幽默是商务聚餐上不可或缺的润滑剂、调味剂。我们平常应多积攒一些，比如说幽默的段子、笑话。然后会发现在整个商务聚餐当中，把这个东西抛出来，它会添彩很多，增色很多。在合适的时候偶尔展示一下，会非常出彩。

第八点：就近原则——聊与吃饭相关的

作为成年人参加商务聚餐大可以去谈论酒水，探讨饭菜，讨论地方的美食，聊聊酒水的香型、口感。根据前面的基础和日常中自己多积累，现学现卖就可以。

为什么可以这样做？大家参加商务聚餐，对酒最起码也是懂一些的，我们一日三餐都吃菜，对于菜大家都能说上两句，这不就是一个共同的聊天话题吗？

第九点：让话题不落地——学会接话茬

如果发现说错话了、场面冷下来了，一个万能的救场话术，就是端起酒杯张罗大家"来来来，我敬大家一杯"，或者说"来我们敬领导一杯"。信不信，这时候大家哈哈一笑，就能完美地解决尴尬，化解冷场？

如何规避禁忌话题

首先要知道商务聚餐上的禁忌话题有哪些。

一、虚情假意地赞美

赞美就是要真诚，就是要讲具体的细节。比如说有一位女士长

相非常普通，一定把她夸成一个绝世大美女。还有人家很胖，却说人家身材保养得很好，这是赞美吗？不，这是骂人。人家听了这话，一定会认为你是个十分虚伪的人。

二、肆无忌惮地调侃

自己幽默，但不代表所有人都能开玩笑。

不要自以为跟他关系很好，跟他私底下怎么闹没关系，但是在公共场合，跟他关系再好，跟他说话甚至调侃，一定要有度。特别是在商务聚餐上。那么多人，你怎么知道人家是不是不往心里去？每个人其实心里都有一些不愿意触碰的禁忌，千万不要碰。

三、不要谈论对方的隐私和家庭情况

不要认为私底下双方比较熟，就可以随意拿对方的隐私开玩笑。对于他的家人，尤其是他不愿主动提及的部分，应当保持尊重，不要随意谈论。即使你觉得与他关系很好，也不应涉及他人的隐私，这是一个禁忌。

四、不要以自我为中心炫耀

从入座开始就讨论自己的收入、新购的房子或刚换的车子，这种以自我为中心的炫耀，除了满足个人的虚荣心以外，起不到任何作用，还会给他人带来压迫感。你所传达的潜台词就是："看，我比你们混得好吧。"抬高自己、打压别人是最让别人讨厌的一种行为。

五、不要博同情卖惨

不能炫富，那卖惨可以吗？也不可以，这又是一个禁忌。"我一个月只挣1500元，上有老下有小，日子过得特别惨。"这种话对

外传递的就有两个信息：第一个信息是我处于社会底层，能力很差。第二个信息是我要是遇到困难了，有可能会有求于别人。

这种话别人并不想听。听了你说的这句话，人家不但不同情，还会远离你。因为大家怕有一天你有事相求。你对于他来说没有任何利用价值，还会给人添麻烦，大家对你肯定是抗拒的。在社会上生存都很难，不是只有你一个人，说了还容易引起别人的反感。

六、不要当着大家的面窃窃私语

大家都有说有笑的时候，两个多年好友千万不要一个劲儿地窃窃私语。

我们常说，独乐乐不如众乐乐，想想是不是这么回事？大家在饭桌上谈笑风生时，如果有两个人贴着耳朵窃窃私语，不仅会给人一种神秘感，还可能让人猜疑是不是在说他人坏话。更有甚者，会让人觉得你俩在传递一些不想让人知道的信息。这种拉帮结派的行为一定会影响整个商务聚餐的气氛。即使觉得与邻座的人特别投缘，也可以等到商务聚餐结束以后再聊。到时候，想聊通宵都没问题。

在这里我分享一段亲身经历：

一次难忘的满月酒宴，那时我陪同一位朋友出席，按照习俗，熟识的人尽量安排在同一桌，其余则随机分配。不幸的是，我与我朋友所熟识的圈子并无交集，因此当我到达会场，发现自己被分到了十六号桌时，心中不免有些忐忑。

幸运的是，在这不熟悉的十六号桌上，我意外地遇到了一个熟人，而且他恰好坐在我身旁。这份突如其来的亲切感让我放松了许多，我们自然而然地开始畅饮交谈，氛围越发融洽。

然而，随着时间的推移，我意识到一个问题：桌上其他单位的领导和同事似乎被冷落了。尽管他们几次试图以礼节性的敬酒或搭话融入我们的对话，但都被我们热烈的交谈所打断，无法插足。

直到后来，我注意到一个微妙的变化：两侧的人纷纷将凳子挪向一旁，整个桌面的氛围变得微妙起来。我抬头环视，发现大家的目光中透露出一丝异样。这时，我才恍然大悟，自己的言行可能已经影响到了整个酒桌的和谐。

我迅速起身，端起酒杯，试图通过敬酒来缓和气氛。但遗憾的是，此时大家的反应已显得颇为冷淡。原因在于，从我入座那一刻起，就过于专注与熟人的交谈，忽视了与其他人的交流，从而给人留下了"不合群"的印象。

这次经历让我深刻体会到，在社交场合中，无论我们与朋友多么熟络，都不应忽视对其他人的关注与尊重。我们需要时刻留意并照顾到所有参与者的心理感受，以维护整个社交环境的和谐与融洽。

确实如此，我们常常提及的"独乐乐不如众乐乐"，其精髓便在于共享快乐，让欢聚的氛围更加浓厚。试想，当一桌人欢声笑语、共享美食之时，若有两人紧贴耳边窃窃私语，不仅会引发他人的好奇——"他们究竟在谈论什么神秘话题？"还可能让人心生疑虑："是否在说我的坏话？"这种行为，在一些情境下，甚至会被解读为不礼貌，或者被视为拉帮结派，无形中破坏了商务聚餐的和谐氛围。

因此，即便你与身旁的朋友相谈甚欢，也应适时地融入整体的交流之中，避免让其他人感到被排斥。毕竟，饭后的时光依旧充裕，你们完全可以在酒足饭饱之后继续深入交谈，甚至相约长谈至深夜，这样既不会错过当前的欢乐时光，也能维持良好的人际关系。

最有效的沟通是倾听

哲学家苏格拉底说："上天赋予我们一个舌头，但却给了我们一对耳朵，所以我们听到的话比我们说的话多两倍。"意思就是让我们多听，少说。

商务聚餐上大家都使出了浑身解数，滔滔不绝，让人觉得眼花缭乱。那在这个时候如果说懂得倾听，反而会成为商务聚餐上最受欢迎的人。

一、认真倾听和适当回应

在嘈杂的环境里，安静的人懂得倾听，往往会显得更有魅力。但很多人理解的倾听是有所偏差的，以为倾听就是一言不发。实则不然，尊重是做到细心倾听，有些细节一定要注意。

首先认真倾听对方的每一句话。放下碗筷，放下手机，看对方的眼神，然后不住地点头示意，再适当回上几句："那是的""没错""您说得太对了"等以作回应。

其次就是我们一定要学会发问，多问一些开放性的问题。比如："您刚才讲的事发生在哪里呀""因为什么呢""噢，那这事如果遇到了那怎么办呢"等。

在对方讲一段经历，或者讲一个故事的时候，我们可以问："后来呢，后来怎么样了呢？"

这样的沟通就像说相声，我们郭老师在这儿讲相声，旁边一定要站一个于老师，他要捧哏，这是一样的道理。

这样人家会有什么感受？他一定会觉得备受尊重。最起码我的话没掉到地下，是有回应的，这样的倾听才是真正的倾听。

二、聆听弦外之音

在商务聚餐上还要了解一些弦外之音、言外之意。

比如在商务聚餐上，当聊得唾沫横飞、聊兴正浓的时候，突然发现有人在号召，"来来来，大家喝酒喝酒"。我告诉你，这时候再想说也别往下说了，为什么？因为要么是说错话了，要么就是对方不想听了。

又如有人说"哎哟，这个事原则上可能不行"，言外之意是什么？就是原则以外，应该是没问题。托人办事，人家说了难办。言外之意就是可以办嘛，需要去打点、去破费才行。

其实，无论是在商务聚餐还是在社交场所当中，我们都要学会听人家说话，要能听得懂弦外之音。

04

智慧结晶，
破浪人脉大师之路

第一节　星图指引：解锁结识"贵人"的航海图

在我过往的工作中，经常有人询问我如何迅速结识大哥、领导、"贵人"，并通过人脉实现变现，让他们助我一臂之力呢？我知道你们心里可能在想：我在社交场合中也能和大哥们同桌而坐，但我就是不知道如何开口，参加了很多商务聚餐，结识了很多人，却都没有下文。相关系统的领导说话，我常常听不懂，更别说拿下项目了。

这一章，我将帮你打破这些困境，让你一听就懂，知道该怎么做。

说实话，我算是很幸运的。由于原生家庭的影响，我从小就懂得了人际交往的门道。20世纪90年代大学毕业后，我在相关体系工作，仅用4年时间就被提拔为正科级。我还曾担任过年薪百万的集团总裁，服务的企业都是10亿元体量以上的大项目，周围都是身家亿万的老板。在我的人生道路上，得到了太多"贵人"的相助和高人的指点。比如在"贵人"程总的支持下，我仅通过一场商务聚餐就拿下了3000万元的项目。这样的经历太多了。

其实，我们并不缺少"贵人"，缺少的是能帮助我们的"贵人"。这时候，你肯定会问，我的"贵人"在哪里？谁才是我的"贵人"？甚至有很多人连什么人才是"贵人"都不知道。

什么是"贵人"？有钱有势、位高权重、有权力的？都不对！在我的视角中满足两个条件就是"贵人"：

- 第一个他有能力帮你。
- 第二个就是他愿意帮你！

其实，在我们的社交场景中，商务聚餐是一种刚需，是最常用的社交方式。大家都是通过组局来连接资源、结识人脉，最终促成生意的。说实话，我参加过的商务聚餐没有一千场也有八百场，但大家可以认真思考一下，为什么你参加商务聚餐之后就没有下文了呢？

当然，还有很多生意人有这种误区，认为他们应该服务好大哥，这样大哥以后有好事儿一定不会忘了他们。他们觉得要把这些大佬一个不落都加上，这样下次需要的时候，他们就能帮帮小弟。

就算按照你说的去做，人家帮你了吗？在商务聚餐上你加了一桌人，喝酒的时候热热闹闹的，但第二天你清醒了，开始给对方发自我介绍、各种崇拜的话。神奇的事儿出现了，当你把"保持联系哟，有空常聚哟"这些话发出去，你会发现，你这个所谓的人脉就在你的通讯录里"睡着了"。甚至某天人家可能改名了，你左思右想："哎，这是谁呢？哪儿加的呢？"

你现在回头看看，你参加的这些商务聚餐，喝醉了多少次？浪费了多少钞票？关键是时间也过去了！所以大家一定要记住，我们参加商务聚餐，尤其是商务组局，必须有明确的目的。

这时候你肯定会反问我："我通过商务聚餐连接人脉，这不是目的吗？"我要告诉你，目的是成事！当你一个目的还能接着往下问为什么，那它就不是一个具体的办法，而是一个**伪命题**！

如何实现商务聚餐的制胜呢？我们假设一个场景，并作出说明。假设我们现在组一个局，你怎么去？几点去？带什么去？

我们要时刻谨记，这不是一场朋友商务聚餐而是一场商务活动。

组局时，原本准备的白酒是国窖1573，并让服务员把酒打开了，主局也已经给大哥的量酒器倒满了。这时候，你呼哧呼哧地抱了两箱茅台进来，扬扬自得地说："付大哥，咱们今天喝飞天。"这样是想告诉大家主局没有实力，连茅台都喝不起吗？你这不是在打主局的脸吗？

说到抢着埋单，这时候你可能会说："我懂了，那我就趁着上主食的时候，假装去洗手间，然后溜出去把单买了。"负责任地告诉你，不管你来自哪里，你们当地有什么酒风文化，凡是商务组局，它就是一个商业场景，有一个规矩，**谁组局谁埋单！**

你千万不要打破组局人的原定计划：谁组局谁埋单！这是一个规矩！这时候你可能会问："不对啊，你又不让我带酒，又不让我埋单，还让我前期准备，那到底要准备什么呢？"

让我们再设想一个场景：

比如，你是一个商人或一家实体店的老板，得知本市某公司有一个设备采购计划。很多人可能会直接跑到前台询问："董事长办公室是哪一间？采购部负责人是谁？"接着递上产品简介说："我们是××公司的，专注于此设备领域，我们的产品质量和服务都非常出色。"这种做法更像是业务员所做的工作。

还有一种人是这样操作的：得知采购计划后，马上寻找人脉，找中间人。他们会说："大哥，我记得你跟我说过，某公司的董事长你很熟。"

大哥可能会问："怎么了，兄弟？"

"我听说这公司有一个采购计划，你帮我打个招呼呗，我想接触一下。"

如果你大哥愿意帮你，可能会打电话帮你找人甚至组一个局，比如说："刘总，听说你们有个采购计划，我有个非常靠谱的小兄弟，他也是做这个的，能不能让他参与一下？"

这时候对方呵呵一笑，说："你听谁说的呀？我们年初是有这个想法，后来内部一过会，条件不成熟，这件事就搁浅了。"这时候，你在大哥心里瞬间就被打上了"不靠谱"的标签。

来听一下我的亲身经历：

有一天，我的大哥在西郊宾馆组了一个24人的局。在那个局上，我结识了赵总，并在他的帮助下拿下了一个3000万元的项目。

他组局是有规律的。消费5万元以下是在公关酒店，能在西郊宾馆组的局，真不是一般的局，可谓大佬局。大佬叫咱们，咱们得去啊！

当时我也问了我大哥："大哥，需要我做什么？"他说："你来就行了。"

那天我到包房的时候，人家都已经开始5分钟了。

人家地位比你高，身价比你大，你这样是不是不礼貌？是不是不尊重大哥？况且你还最后一个到。

其实啊，那天我是准时到了西郊宾馆的。一看表，才6点25，我故意在楼下抽了两支烟，等到6点35，我晃晃悠悠上去了。这时候你肯定心里在想"你心真大呀，人家都是大哥了，你还敢最后一个进屋"。

但是在商务场合要记住：上了桌子，没有身价大小，没有地位高低。如果你身边不是这样，说明你那个根本都不叫圈子。当然还有很多人，一看来的人身价也大，地位也高，上去就一顿端茶倒水，甚至还有人直接给大哥点烟！但是，要记住"拉平身份，不卑不亢"，这才是你参加商务组局的一个正确姿态。

这时候你可能会说："不对呀付总，那你为什么要迟到呢？"

我们参加商务聚餐为的是什么？到底有什么目的？无非是多认识人、混个脸熟、拿下项目。那你问问自己，你拿到项目了吗？

那我这么做的目的又是什么？

脱颖而出

试想一下，一桌坐了十几个人，互相介绍，我是做广告的，我是做工程的，我是做自媒体的，你能记住几个呀？一个真正的牛人，不是他认识多少人，而是有多少人认识他！这便是脱颖而出！

当时我推门就进去了，连门都不敲。我大哥程总一看我进来了，就说："付总，你是不是路上堵车了？"

此时我们要如何回答呢？

"刚在楼下接了个电话""公司有个重要的会来晚了""等一下我自罚三杯"……可能大多数人都是这么处理的。但如果我们一进屋就摆出这样的姿态，然后端酒赔罪："各位老板我来晚了，我先自罚三杯。"你刚进屋，就把自己的位置摆在了较低的位置，在参加商务聚餐的人眼中，你可能已经不被人重视了。

我呵呵一笑："大哥，我来了。"

坐下来之后，大哥说："没事儿，我们也刚刚开始，我给你介绍一下。"大家认真听，你看这里有什么信息量：

"付总，这是赵总，××商会的会长，有实力，在商会说话一言九鼎；付总，这是刘总，四家公司的大老板，跨了好几个行业，有投资公司，有科技公司；付总，这是李总，专门做工程劳务的，常年有上万农民工跟他吃饭；付总，这是葛总，奉贤自媒体的大佬，可以说是供应链半边天；付总，这是王总；这是李总……"

你们听到什么了？是不是听到了二十几遍的"付总"！来看我参加商务聚餐的目的，二十几遍的介绍，我还不脱颖而出吗？我跟你说，那天超级搞笑，到了互相敬酒的环节，那七八个人端起杯一起就冲我来了，因为他们这一桌就记住了一个付总。

我们对以上的内容做出总结：

· **明确目的与做好准备：** 参加商务聚餐前需有明确的目的，并针对目的做好充分准备。这不仅仅是为了连接人脉，更重要的是为了促成具体的商业合作。准备包括了解商务聚餐参与者背景、准备恰当的话题与资料等。

· **避免社交误区：** 许多人容易陷入盲目攀附权贵、过早暴露目的等社交误区，这不仅无助于合作，反而可能适得其反。正确的态度应是"拉平身份，不卑不亢"，保持自信而不失谦逊。

· **精准定位与表现：** 在商务聚餐中，通过精准的自我介绍和表现，让关键人物记住自己，是脱颖而出的关键。我通过巧妙的自我介绍方式，成功让一桌人多次提及我的名字，从而成为焦点。

· **人脉与资源的利用：** 人脉是宝贵的资源，但如何有效利用才是关键。案例中提到，通过与"贵人"程总的合作，我成功拿下多个重大项目，体现了人脉资源转化为实际商业成果的重要性。

在商务社交场合中，应明确目的、充分准备、避免误区、精准表现以及有效利用人脉资源。同时，也要重视策略与智慧在商业合作中的关键作用。通过这些道理及实践，我们可以更加高效地实现人脉链接与商业合作，从而推动个人与事业的发展。

第二节 锚定"贵人"：从陌生到信赖的航海策略

在完全陌生的环境中，通过精准的人脉经营策略，可以有效促使贵人伸出援手。我们应该通过何种方法促成呢？

遇见厉害的大佬，很多人会觉得自己低人一等，感觉难以建立联系。即便有幸见到大佬，也可能不知如何交谈。我希望我的经历能给你带来一些启发，为你的人脉拓展提供思路。再来分享一个我的亲身经历。

2014年，在一个高端论坛的现场交流中，我认识了事业上的"贵人"——一位投资大佬。后来我企业的投资人就是他牵线推荐的。

那年恰逢我有一个项目需要投融资，于是我想认识投资界的一位大佬，此人十年内投资了五个独角兽公司，被称为"独角兽猎手"，还入选了2019年美国《福布斯》杂志"全球最佳创投人"榜单，是资本领域无可争议的顶级玩家。我得知大佬3月将作为特约嘉宾来深圳参加一个高端论坛，便通过朋友参加了这个论坛。

为了准备，我在网上搜集了大佬的相关资料及其公司正在研究的项目，还找到了专家对大佬项目的高层级评论分析以及相关论

164

文。我的目的不是在这个领域超越他，而是为了迅速了解这个领域，以便在论坛上能抛砖引玉。

在论坛现场，我看到大佬在台上侃侃而谈，将行业趋势分析得头头是道。一个半小时后进入茶歇时间，投资大佬从舞台上下来与我们互动。这时，我凑到大佬跟前说："朱总，您好，看您经常投某行业，其实我对这个行业也有所了解。"当时大佬面无表情，看不出任何波澜。他反问道："你对这个行业也了解？"语气中带着疑问。

我回答说："是的，但我今天是带着问题来的。"我先用国内顶级专家提出的几个观点进行了铺垫。这时大佬扶了一下眼镜，上下打量了我一番，问道："你做这个行业多少年了？"因为这些都是国内顶级专家常说的关键词，在大佬的圈子里很常见。他看我这个其貌不扬的人能说出这样的话，立刻对我另眼相看。我说："我只是想入这个行。"于是大佬拍了拍我的肩，侧身说道："我们借一步说话。"

紧接着我们放下咖啡，来到角落又聊了大约10分钟。神奇的是，大佬说："来，兄弟，我们添加一下联系方式。"要知道，通常都是我们主动与大佬建立联系，但这次是大佬主动提出。这意味着什么？意味着大佬想与你进一步互动。

在我们没有进行任何线下互动的情况下，朱总就在微信上给我推荐了几个国内顶级的天使投资人。你们可能会问，是不是这些投资人给我的公司投资了？结果并非如此，而是我也成立了投资公司。我的投资公司就是这么来的。

也许有人好奇，朱总为什么要推荐天使投资人给我？这里有一个重点：同频吸引。通过我们在峰会茶歇时的对话，一个仅入行8个月的新人能对这个行业了解得如此深入，让大佬感受到了我身上极其缜密的商业思维和天赋！这不是出于其他因素，而是发自内心的信任和认可。

"贵人"的机会是留给有准备的人的。如果你现在一个"贵人"都没有，真正的原因不是"贵人"不提携你，而是你没有眼光、胆识和魄力跟上"贵人"的脚步。

"贵人"不是偶然遇到的，也不是无意中发现的。而是你发现他能成为你的"贵人"，然后千方百计向他靠近，展现你的才能、忠诚和差异化价值，让他了解你，知道用你能办成事，配得上他的提携！

这样，你才能把"遇到的贵人"变成"人生的贵人"！

看看身边的人，为什么有的人赚钱似乎毫不费力，而有的人千辛万苦却赚不到钱？赚钱有一条通行的法则：充分利用一切资源。

赚钱等于"资源+经营"

我正是凭借人脉经营思维，在各种商务聚餐中脱颖而出，结识到了自己想要认识的大佬，并且通过最后的深度互动获得了最终的成果。当然，现在是互联网时代，只要愿意学习，想学点东西并不难。你看，有无数人教你口才、演讲、敬酒等话术，告诉你这些能变现。你是不是觉得有用？然后又有人教你，我们要给大佬情绪价值，教你如何讨大佬欢心，如何说他爱听的话，如何服务于他，甚至如何给大佬伴手礼，告诉大佬你后备箱常备两箱茅台，就是给大佬喝的！然后你听了，做了，但最后呢，拿到结果了吗？

为什么我说我不是一个老师，而是一个老板，因为我知道实践才是检验真理的唯一标准！不是说敬酒话术没有用，不是说情绪价值不重要，最核心的关键是你不要滔滔不绝，而要言之有物。

现在我们把视角放在自己身上，在当前的商业环境下，生意是不是做得不怎么样？有多少当年不如你的人现在都比你强，而你现在可能连办公室都没有，资质都是借的。平常聚会吹起牛来，头头是道，谁谁你都认识，但是等到有事儿了，有项目了，谁给你说话？没一个人会帮你！人情世故是不能变现的，人脉经营思维才是财富的聚宝盆。人脉在你的视角中是可以用得上的，社交就一个目标，你要跟他合得来，要跟他聊得来，要跟他同频。

我们在商业场景中是提升资源杠杆效率，放在社交场景中，是提升人脉资源的杠杆效率，这样才能真正撬动你人生的财富。千万记住，想赚大钱，想要财富快速地呈几何式增长，就要抓住人脉的机会。在那一两年里，你就能积聚你一生大部分的财富。

回顾我的经历，我深知人脉经营的重要性。我相信，只要掌握了人脉经营的底层逻辑和方法论，你也能够在各种场合中脱颖而出，结识自己想要认识的大佬，并通过深度互动获得最终的成果。

记住，人脉经营是财富的聚宝盆，只有懂得人脉经营的思维能力，才能真正撬动你人生的财富。

我们可以对上面这个案例做出总结。

· **充分准备**：深入了解目标人物及其所在领域，是建立有效沟通的前提。

· **自信与专业**：在交流过程中展现自信和专业能力，能够迅速赢得对方的尊重和信任。

· **同频吸引**：找到与大佬共同感兴趣的话题，建立共鸣，促进深入交流。

· **人脉经营思维**：不仅仅是结交人脉，更重要的是如何通过经营人脉实现个人和事业的发展。

我的经历表明，人脉的价值在于其能够带来的机会和资源，而成功经营人脉的关键在于自身的能力和态度。通过不断提升自己的专业素养和商业思维，以及积极、自信地展现自己，每个人都有可能在陌生环境中结识"贵人"，实现人生的突破。

第三节 连接艺术：
精细化运营人脉网络，掌握"分寸感"

　　人脉经营在商业成功中扮演着核心角色。通过情感共鸣重建关系、持续互动加深信任，并在了解并满足对方需求的基础上，采取策略性沟通提出需求，展示了从小项目合作逐步扩大至大项目的双赢策略。让我们来看一位朋友的案例：

　　在一次同学聚会上，一位朋友提及自己生意上的困境，项目难以承接。旁边的老同学提议他可以去找另一位同学张三，现已在一个机构担任领导职务。这位朋友听后，觉得这是个机会，便在过年时带着精心挑选的礼物去拜访张三。

　　张三非常热情地接待了他，但一看到礼物就说："老同学，你要拿礼物过来的话，我跟你说，以后咱朋友都没得处，有事就到哥这儿来直说，但是礼物坚决不行，你给我拿回去。"

　　尽管张三坚决不收礼物，但表示欢迎他随时来交流。年后，这位朋友又去拜访了张三。同学依然热情，甚至还请他吃饭，在饭桌上告诉他过两个月有一个200多万元的项目："你去找我的副手李四，跟他对接，我都跟他打好招呼了。"这位朋友顿时觉得生意有了希望。

在回顾这一社交场景时，不难发现许多人有类似的经历。

朋友在得知老同学张三在业界有所成就后，满怀希望地尝试通过他的人脉获取项目机会。他精心准备并多次拜访，尽管初期遭遇了拒绝礼物的尴尬，但老同学的热情回应似乎让他看到了希望。

随后，他按照老同学的指示，与其副手李四进行了长达一个多月的沟通。然而，在深入交流过程中，却屡屡碰壁，面临资质、资金、规模乃至行业经验等多方面的不足。尽管如此，朋友在后续的同学聚会中，仍对老同学张三表达了感激之情，声称对方不仅热情款待，还主动提及有项目机会就会帮忙牵线搭桥。最终，由于自身条件的限制，朋友未能成功接手该项目，只能在聚会中感叹"自己不中用，就差一点点"。

我要说的是，你遇到了一位情商极高的同学，关键在于，你在成长变化，你的同学同样也在不断进步。人脉经营并非仅凭一腔热情，它背后隐藏着深刻的底层逻辑。很遗憾，你的整体框架出现了偏差，流程混乱不堪，仅仅依赖请客、利益分配这一套老旧的方法论，自然难以成功获取项目，这其实是必然的结果。

那到底应该怎么做呢？

其实从一开始，你的方向就错了！人脉经营需要更深入的洞察和策略，而非简单的表面功夫。

通过唤醒关系才能重修关系

毕业后，同学们各奔前程，十几年未见。当你想要重新联系他们，获取他们的价值时，这个想法本身并无不妥，这符合成年人的价值观。

试想一下，当你回到老家，参加高中同学聚会时，大家是不是都在谈论上学时的趣事、搞笑的事情？比如冬天用热水瓶、近视眼进屋时眼镜被雾气糊住等傻乎乎的事。我们为什么要谈论这些内容呢？

因为十多年没见，我们需要通过唤醒过去的回忆来重修关系。

在这个过程中，我的一个朋友也是这么做的。他们聊起了上学时的贫穷、毕业后的困境，甚至谈到了彼此的家庭和孩子。当关系看似已经重建时，其实这恰恰是一个容易犯错误的开始。

在饭桌上，朋友看到气氛如此愉快，以为关系已经重新建立起来了，于是他开始谈论自己的生意困境。而他的同学，一个聪明人，直接提到了一个200多万元的项目，并让他去找自己的副手对接。

然而，朋友的错误在于，他误以为这是同学真心想帮他，但其实这只是同学在试探他。

我告诉朋友，老同学请你吃饭，他知道你的来意，他提200万元的项目并不是为了帮你，而是想试探你。**很多人在熟人办事时，愿意锦上添花，却不愿意雪中送炭。**

应该如何正确地推进关系以获取项目呢？

首先，唤醒关系到位时，项目是水到渠成的事情。你需要从工作场景进入社交场景，比如提议两家人一起垂钓野炊。在这个时候，你可以提及项目，但方式要巧妙。你要表达你的实力和信心，但同时也要考虑对方的需求和利益。

你可以这样说："老同学，我做这一行已经十几年了，无论是质量还是施工能力，我都有底气、有信心。但是，你今天到这个位置也不容易，我也没和你这个机构合作过。我知道你是想帮我，但是200万元的项目，我真的不能接。这样，你公司最小的项目是多少体量？你给我一个小的项目，我先给你做。不用你的预付金，做不好，我一分都不要。通过这个项目，你考察一下我到底行不行，和你这个机构合作，我有没有本事接。一切的危机风险，我来承担。"

这样的方式既表达了你的诚意和实力，又考虑了对方的需求和利益，做到了双向赋能。听明白了吗？认不认可？这样能不能拿到项目？当然能！

最后，我要说的是，生意人比鬼都精，你不就是不会第一次吗？不会开始吗？其实，你只是没有框架、没有流程，遇到同类的事情没有方法论。这就是我的核心内容，包括如何与相关系统的人互动、如何达到相互需求、如何做到双向赋能等。方向不对，你的努力全是白费。所以，一定要记住这些底层思维和方法论！

我们来总结一下案例中的要点：

· **情感共鸣**：通过唤醒共同的记忆和情感联系，重建和加深与潜在合作伙伴的关系。

· **持续互动**：通过家庭聚会等非正式场合，将工作关系转化为更为亲密和稳固的私人关系。

· **了解并满足对方需求**：在商业合作中，了解并满足对方的需求是至关重要的。案例中提到，要站在对方的角度考虑，理解他的立场和难处。

· **策略性沟通**：在提出需求时，采取策略性的沟通方式。直接提出大项目可能会引起对方的戒心，而通过从小项目开始合作，可以逐步建立信任并展示实力。

· **双向赋能**：成功的商业合作需要双方都能从中获益。案例中提到，通过帮助对方减轻决策压力、实现工作成果，同时展示自己的能力和诚意，从而实现双向赋能。

· **长远眼光与耐心**：人脉经营是一个长期过程，需要耐心和持续地努力。通过逐步建立信任和合作关系，最终可以实现更大的商业成功。

· **拒绝短期利益，追求长期合作**：在面对大项目时，如果自身条件不足，应拒绝短期内的巨大利益诱惑，转而寻求通过小项目积累信誉和经验，为未来的长期合作打下基础。

· **适应与变化**：在商业环境中，情况总是不断变化的。成功的人脉经营者需要具备适应变化的能力，随时调整自己的策略以适应新的情况。

· **诚信与实力**：诚信是商业合作的基础。通过实际行动展示自己的实力和诚信，可以获得合作伙伴的信任和支持。

第四节　灯塔创新：传统手工艺的现代转型

在当前的经济环境中，许多企业和行业都面临着难以突破、无法破局的困境。这些困境和尴尬局面，有些可能源于社会技术革新；有些可能因为产业结构的缺失；有些可能是因为产品应用性低；等等。接下来，我们来分享一个真实案例——传统手工艺的焕发新生。

本案例涉及一家位于A县、拥有六七名员工的小型传统手工灯笼厂。该企业正面临利润下滑、订单量减少的困境，年利润不足20万元，且已缩减至仅六七名员工。企业主感到焦虑和无能为力，希望寻求外部帮助以改善现状。

通过对其生意环境进行深入分析后，我们发现灯笼的出厂价、批发价和零售价之间的差价已经很小，导致利润微薄。企业主曾尝试通过互联网推广（如百度推广）来跳过中间商直接面对客户，但效果有限。随后，他计划发力抖音短视频平台，但面临组建团队、资金和时间投入的巨大挑战。

在解决这一问题时，我们首先从利益的视角去设定和正推反推各个利益相关方的需求。

- 批发商希望批发价更低、质量好、付款方式赊账。
- 生产厂家则希望批发价高、现款现货、质量要求不那么高以降低成本。
- 而消费者则希望价格便宜、质量耐用。

这些需求之间存在明显的矛盾，导致企业难以同时满足各方需求。

视角升级

为了打破这一困境，我们进行了思维升级，采用互联网视角来审视这一问题。我们提出，要找到用户和企业诉求的共同点，即都聚焦在灯笼上。通过分析用户的消费场景和需求，我们发现灯笼不仅是应景的喜庆之物，更代表了普通民众对美好生活的向往和寄托。

目标市场定位

基于此，我们提出了创新的商业模式：开发具有特殊寓意的灯笼产品（如升官发财灯、祈愿母亲健康灯等），并将目标市场定位于寺庙等祈福场所。通过将灯笼打造成寺庙祈福用品，我们提高了产品的附加值和市场需求，从而解决了企业的溢价空间问题。

这时朋友立刻跳了起来，说道："这可以，其实我熟悉A县下面的几座寺庙，我明天就去找他们聊合作。"我制止了他，说：

"你别急，你去找他们一点用都没有。"

商业的本质，无论是当今的萝卜快跑、无人驾驶，还是前几年的拼多多、美团，都遵循差价模式，即通过买卖之间的差价来实现盈利。这种模式的核心在于创造并维持足够的溢价空间，以确保商业活动的持续性和营利能力。若缺乏溢价空间，商业活动将难以维系。

在解决溢价空间问题时，需要采取一种策略性的思维方式，即从"住持方丈"的角度来审视问题。这意味着要深入理解并融入目标市场或受众的文化和价值观，以建立稳固的商业联系。具体而言，这包括成为目标客户的消费者，通过购买他们的产品或服务来建立信任和亲近感。在此过程中，要积极给予正面反馈，以彰显对他们价值的认可和尊重。

你想与他们建立联系？首先要成为他们的客户，成为他们的消费者。第一次到这个寺庙时，你要识别关键人物，比如张三、李四和尚或李住持。识别后该怎么做？了解他们的服务价格，不仅要成为用户，还要成为能提供价值的用户。你可以坦率地告诉他："我今天来问的事是两年前已经发生的，你刚才的解答一字不差，你太灵验了。"如果抽签要3000元，你可以随手多给几百元作为随喜。然后为下次见面埋下伏笔，约定过两天再来。这样就建立起了基础联系。

过两天你可以说："我老婆还有一件事，但她身体不好，不愿意来。我带着她的生辰八字再来请教。"这在方丈住持眼中又是一笔生意。第一次就这样结束，第二次带着新的场景再去花一笔钱。等到第二次，你信不信，你已经在他那里花了两次钱了。他一定愿意和你交朋友，一定愿意和你聊天。他可能会问："张施主，你是做什么的？"你就告诉他："其实我也是本县人，就是咱们A县的。说起来你可能都认识，我是A县大红灯笼厂的老板。"这时不要提到困难，千万不要说"我活不下去了"。

人脉是锦上添花，不是雪中送炭。你讲到这里就可以了，把思路告诉他："我赚钱的业务在某些城市，我专门给寺庙供货，是私密供货。"其实我一共为你设计了三次见面，解决的是溢价空间，解决的是让方丈来求你，对你感兴趣，再把这盏灯拿去，不是去求他，而是跟他谈合作。

在实施这一策略时，我们强调了人脉经营的重要性。企业主需要识别关键人物（如寺庙的住持或方丈），并逐步与他们建立信任关系和共同兴趣。通过多次拜访和消费，成为寺庙的忠实客户，同时展示自身的生产能力和合作诚意。最终，实现与寺庙的深度合作，将祈福灯笼作为特色产品推向市场。

这一创新策略不仅解决了企业的生存危机，还为其未来发展开辟了新的道路。通过将传统灯笼产品转型升级为祈福产品，并利用人脉经营策略与寺庙建立合作关系，企业实现了商业模式的创新和突破。这一案例展示了在传统行业中寻求创新和突破的重要性，同时也凸显了人脉经营在业务拓展中的关键作用。

第五节 稳健航行：公立体系合作的合规策略

一位从事消杀行业的朋友分享了他的经历。他最初跟随师傅学习捕鼠技巧，并逐渐在这一领域取得了不错的成绩。凭借自行研发的消杀药剂，他的生意一直保持着稳定运营。然而，在听闻加强与相关体系合作的重要性后，他开始尝试拓展这一领域的客户。

然而，在接触客户的过程中，他遇到了一个棘手的问题，当被问及"你有什么样的资源"时，他感到难以应对，有时甚至会因此陷入尴尬境地。据他描述，这种情况主要出现在两种场景中：

- 一是面对完全陌生的相关体系人士。
- 二是即便有熟人介绍，仍难以有效传达自身资源价值。

这一挑战凸显了消杀行业在转型过程中面临的普遍难题，即在拓展市场时，如何准确、自信地展示自己的资源和优势，以赢得客户的信任与合作。通过这一案例，也引发了对如何提升沟通能力的深入思考与探讨。

首先，在与人沟通时，我们无须针对每个问题给出直接答案，而是应该从问题中解读更多信息。我当时教他的方法就是这样。我说，当别人问你"你有什么资源"时，如果一时难以回答，你可以给予对方情绪价值。即便你完全不认识对方，也可以微笑着说："你就是我的资源。"这样，对方可能就不好意思继续追问了。

其次，如果你知道你接触的人是某位大哥或领导的亲信，可以坦率地告诉他："在认识您之前，我的资源就是我们的大哥。但现在认识了您，我更高兴了，因为我的资源又多了一个。我现在有了靠山，有了背景。"这样说，对方很可能会感到愉悦。**我们要给人情绪价值，其实人家问你一句话并不是想要得到什么答案，而是要接受你的态度。**

对于比较偏门的产业如何与公立体系产生联系呢？

先从梳理资源开始。关于你如何做生意，如何找到这个路径，也就是如何梳理你的人脉资源。

我们回到案例中：

他说："按照你的方式我梳理了。你也告诉我了，首先看我们有没有正规资源，如果实在没有这方面的资源，就从我的联系人当中去梳理，看谁混得最好，梳理出前五个。现在我梳理出来了，我有一个关系，这个人是水利行业的，但我不知道怎么跟他连接，也不知道怎么把我的生意场景变成他的工作场景。"

我说："你这样，首先你知不知道这个水利系统是做什么的？"

他说："我知道，水利不就是修一些水利工程，包括一些堤坝吗？我又不是做工程的，感觉跟我没啥关系。"

所以说今天他也是带着疑问过来的。

我说："好，你回头仔细去看看这个水利系统的公开网站，看看他们的工作内容到底有哪些。当然，今天你已经跟我连接上了，那我就直接说给你听。你知不知道这句话，'千里之堤，溃于蚁穴'？"

他说："听过。"

我接着说："那好，我问你，你们做消杀的，有没有包括消杀蚂蚁这一项？"

他回答："有，什么蚁我们都消杀。"

我点头道："好，那蚁穴指的是什么呢？"

他立刻就说："白蚁是不是？"

我笑着回答："是的，就是这么回事。虽然现在还没有合作，但你已经具备了这方面的技能。接下来，我们需要做的是将你的生意场景转化为他们的工作场景。"

- ## 适应需求

首先，你需要根据内部的消杀流程，对白蚁消杀业务环节进行改造，调整业务场景以适应其要求，并制定内部执行流程来开展这项工作。

- ## 资质

他表示理解后，我询问第二个必须做的事情是什么。他反问我是什么事，我提到他的许多药剂都是自己配制的，他确认了这一点。我解释说，如果想在这一行获得更多认可，就需要有资质。他表示已有资质，但我澄清说，我所指的资质不是那种容易获得的，而是需要申请专利的。

他回忆起确实有专门提供申请专利服务的公司联系过他，因为他在行业内已小有名气。但当时他觉得申请周期过长，且需支付高额服务费，所以就放弃了。

我建议他应尽快申请这个专利。拥有专业资格证和专利技术证后，他才能进行权限对接。他表示理解，并会立即着手。但他也希望能先建立联系，不想等三个月专利下来再行动。我对他的想法表示赞同，认为这与我的想法一致。

当我们掌握了信息，拥有了底气，应该如何去完成这件事呢？

他制订了初步计划：首先拜访领导，去他的办公室，他认为带过于贵重的礼物可能不妥，但伴手礼是必要的。他认为领导曾经从事民营生意，了解这种惯例。他打算准备明前茶叶，以表达诚意。

其次，他已准备好公司的详细介绍资料，打算向领导展示。

最后，他考虑邀请领导见面，安排一次聚餐，通过饮食来拉近关系。他笑言这是他过去经商时常用的方法，效果颇佳。

然而，这个计划存在一个重大错误！

不同行业的人可能有不同的语言和交流方式，也有不同的结交场景。

· **注意环境和立场**

一定要记住了，和领导打交道时，你什么都不用带，只需特别谦虚地拿一个小本子和一支笔，因为我们要去汇报工作。你见过哪个汇报工作的人进屋时还拎着礼物的？

- ### 明确交流对象

与领导见面时，你不需要洋洋洒洒地介绍你公司的成就和实力，或者你的公司有多牛。你知道为什么吗？他问："不是这样吗？不是要显示公司实力吗？"我说真的不是。你一定要记住你的社交对象是谁。他说："社交对象是领导。"我说："对，他只是一位领导，并非生意人，他对你那些成就并不感兴趣。"他问："那究竟该说些什么？"我说："谈话的核心就是你能为他做什么。"

- ### 注意社会环境

我问他："现在约领导出来吃饭，别说你，我有多少朋友都说了，现在约谁敢去？不是难不难约的问题，是谁敢出来吃饭哪？人家吃顿饭可能回头就受纪律处分了，受通报有污点了。谁吃不起这个饭吗？是不能吃这个饭。"他表示很困惑，问："那怎么办呢？"我说："那也必须约，但不是说约吃饭。"

做人脉并不是单纯地请客，伏低做小、吃饭组局、利益分配这几板斧，更多的是需要理解社交的本质和场景。

为什么要约见领导呢？因为办公室是谈工作的地方，而离开办公室的场景才叫社交场景。如果你在工作场景中去玩社交，那就是驴唇不对马嘴，环境完全不对，怎么可能会有好的效果呢？

怎么办呢？你要让他走出办公室，同时当他进入你的社交场景

你可以这样约领导："领导，我公司现在有个大型沙盘，其中包含一个模拟为某地大坝消除白蚁的项目。我想请您指导一下，因为我这一两年才开始与相关系统合作，不确定做得如何，希望您能给些建议。"这不是与他的工作场景相关吗？

领导指导完后，你要把握好时间。比如约他4点半，看完后5点多，和领导在楼下吃个面条或便饭，这不是很自然吗？一定要融入他的工作场景。你若直接说："领导，有空一起坐坐。"为何约不出来？因为领导明白这是进入你的社交场景，谁愿意去？谁敢去？

但如果去考察与工作相关的事，即便传出去也无妨，这是为了工作。工作到饭点，吃工作餐是很正常的事，只是不能安排规格太高的宴席，这不是说不让吃饭，而是你们的思路需要调整。

这位朋友随后按照指导去执行。二十多天后，他兴奋地来到我的直播间报喜。开播时，他迅速连麦，激动地说："付总，成功了！我现在已在七十多个水库进行白蚁消杀工程，工作进展顺利，效果很好。"他的成功证明了先前的策略和努力都是值得的。

我们回顾这个案例，看看有哪些可取之处。

· **明确目标市场与技能创新**

在面对市场需求变化时，敏锐地捕捉到新冠疫情期间消杀服务的重要性，迅速调整业务方向。他不仅在原有捉老鼠技能基础上进行拓展，还自主研发了多种消杀药剂，这不仅满足了市场需求，还建立了技术壁垒，使得他的业务在竞争中脱颖而出，确保了业务的持续增长。

- **拓展人脉与资源利用**

深刻认识到人脉资源的重要性，尤其是在市场的开拓上。通过梳理自己的人脉网络，成功找到了水利行业的关键联系人。凭借自己在消杀领域的专业技能，特别是针对白蚁消杀的需求，成功地与相关系统建立了合作关系，进而拓展了业务范围，赢得了多个水库的白蚁消杀项目。

- **沟通技巧与情绪价值**

在与相关系统人员的交流中，面对资源询问的敏感话题，朋友能够灵活运用情绪价值，给予对方积极的回应，有效缓解了尴尬气氛，同时也传递了合作的诚意。这种高情商的沟通方式，帮助他迅速建立了与相关系统人员的信任关系，为后续的合作奠定了坚实的基础。

- **资质认证与专业化**

朋友深知在专业性要求极高的市场中，资质认证是提升竞争力的重要手段。因此，他积极响应市场需求，快速申请了专利认证，并取得了相关的专业资格证和技术证。这不仅提升了他的专业度，也增强了客户对他的信任感，使得他在项目合作中更具说服力，获得了更多的项目权限。

- **场景转化与定制策略**

为了更好地适应工作场景，朋友巧妙地将自己的业务场景进行了转化。他制作了模拟沙盘来展示白蚁消杀的效果，并邀请领导进行实地指导。这种定制化的项目展示策略，不仅直观地展示了朋友的专业能力，还为双方创造了良好的沟通与合作平台。通过这种方式，朋友成功地将自己的业务融入了工作流程中，提升了合作的紧密度。

· 合规操作与风险控制

在合作的过程中，他始终将合规操作放在首位。他严格遵守系统的各项规定和纪律要求，确保项目的合法性和合规性。同时，他也注重风险控制，通过细致的计划和周密的安排来规避潜在的风险因素。这种稳健的操作方式不仅保障了项目的顺利进行，也赢得了客户的尊重和信任。